BRASSENS
AVANT
BRASSENS

ÉMILE MIRAMONT
dit « Corne d'aurochs »

BRASSENS AVANT BRASSENS

Préface de Louis Nucéra

l'Archipel

Ce livre constitue une version complétée et mise à jour du *Brassens* d'Émile Miramont paru en 1993 chez le même éditeur.

Si vous souhaitez recevoir notre catalogue et être tenu au courant de nos publications, envoyez vos nom et adresse, en citant ce livre, aux Éditions de l'Archipel,
34, rue des Bourdonnais, 75001 Paris.
Et, pour le Canada, à
Édipresse Inc., 945, avenue Beaumont,
Montréal, Québec, H3N 1W3.

ISBN 2-84187-327-7

A René Alquier,
dont le discernement,
la prévenance et la fidélité
n'ont jamais failli.

En mémoire
d'Alphonse Boudard et de Louis Nucéra
tombés au plus beau champ d'honneur :
celui de l'amitié.

Préface

« Que savez-vous de Bayard ? », demandait récemment un instituteur à ses élèves. Il releva les copies : les corrigea. Sur l'une d'elles, il lut : « Je sais tout de lui. » L'élève n'avait rien ajouté. Et l'instituteur demeura coi tant la surprise le saisit.

Cette apothéose de la concision, des amis de Brassens, des lecteurs de tous les livres qui ont paru sur lui pourraient s'aventurer à la singer. Leur ferveur autoriserait l'aplomb de la réponse.

Est-ce trop nous avancer ? Il semble que ce Brassens avant Brassens *est susceptible de rendre sensiblement plus modeste. N'ajoute-t-il pas aux connaissances que l'on a de celui qui fut sans haine dans un univers où l'inspiration naît souvent du dépit ?*

Par Miramont, on suit Brassens depuis sa prime jeunesse, à Sète (rue de l'Hospice, rebaptisée Henri-Barbusse – oui, celui dont le dernier livre fut un évangile à Staline – avant de devenir rue Georges-Brassens), jusqu'au Paris aux heures de la vache enragée, puis du succès. Passent les personnages qui ont peuplé l'enfance de Georges et de l'auteur, passent les fièvres comme celle du vélo (« le vainqueur du Galibier nous passionnait plus que celui de la bataille de Marignan »), les premières amours (« les temps où il fallait bien trois mois pour, d'une main timide, entrouvrir un corsage »), la fascination pour Paris, le goût du burlesque, de la farce et de la solitude, la première apparition de Brassens en public et à la batterie, des enseignants merveilleux, comme Alphonse Bonnafé, qui fut boxeur, ce qui ne l'empêchait pas de tutoyer Villon, Ronsard, Rimbaud, Mallarmé, les tâtonnements auxquels on s'astreint afin de se trouver un langage, sans oublier les quatre cents coups qui font l'ordinaire des saisons des hommes et qui poussèrent un professeur de latin à dire : « Belle tête ce Brassens, mais de cervelle pas. »

« L'homme est fini à onze ans », affirme Péguy. « A sept », rectifie Céline. On ne va pas chipoter. L'essentiel est que dans ces pages on voie Georges grandir et aller vers ce qu'il considérait comme ses propres fins : la folie de la musique, la hantise du mot juste « pesé au trébuchet d'apothicaire », la fidélité, la générosité.

Nulle trace d'hagiographie cependant dans ces lignes. On sent l'importance primordiale qu'a eue Brassens dans la vie de Miramont. On sent que sa mort le laisse inconsolé. Si quelques frustrations paraissent, de-ci, de-là, sans doute sont-elles dues aux exigences possessives de l'amitié. Elles éclairent la personnalité de l'auteur mais celle, aussi, de celui qu'il a entrepris de nous conter.

« Si on m'enlevait tout ce que les autres m'ont donné, il me resterait peu de choses », se plaisait à dire Brassens. Espérons que, là où il est, il considérera que ces pages donnent également un peu. Ce sera le mérite d'Émile Miramont. Il n'est pas des moindres.

LOUIS NUCÉRA

Avertissement

Je ne suis ni historien, ni conteur, ni romancier; rien, sinon un ami de Georges, de l'âge de dix ans jusqu'à son dernier jour. J'eus pour tout privilège d'être le témoin de ses jeunes années et de ronger les os de la vache enragée qui logeait avec nous impasse Florimont.

Mes souvenirs, étroitement liés à son souvenir, ne sauraient en aucun cas constituer une biographie. Ce travail a déjà été accompli, Dieu merci, par des gens de qualité.

J'ai préféré parler de Sète, de ceux que nous avons connus, des parents, des amis, pour restituer le climat de son enfance, du collège, de nos profs, de nos chahuts, pour recréer l'atmosphère dans laquelle Georges commença à se révéler. Enfin, j'ai tenté de peindre le Paris du pain sec. Ce Paris généreux, quelquefois versatile, trop souvent moutonnier, qui a failli passer à côté de Brassens. C'eût été bien dommage.

Ce livre ne concerne qu'une période, c'est vrai, mais elle fut décisive. Faute de témoignages, bien des ouvrages consacrés à Brassens sont peu diserts sur ces années. Si mon récit prend parfois le tour de souvenirs plus personnels, Georges ne sert pas de prétexte à cette complaisance. Il est toujours présent, fût-ce en filigrane, derrière chaque mot.

Une tonalité s'est imposée à ma plume. Georges m'a imprégné de son état d'esprit, son regard sur les hommes et son sens de l'humour ; cela a resurgi tout au long de ces pages… J'ai retrouvé des mots qu'il ne renierait pas.

Nul n'est dépositaire de la vraie croix. Chacun en possède un morceau. En apportant le mien sur l'autel du poète, j'ai éprouvé une grande joie. Mais la joie partagée a beaucoup plus de prix. Des lignes qui vont suivre, j'espère le plaisir de ceux qui l'ont aimé.

— A moi, Jo ! Parraire veut me battre !

Mon appel de détresse perçait le brouhaha de la cour des petits.

La masse s'ébranlait, fendait les groupes. Sa taille respectable, ses muscles avantageux et ses mains de maçon venaient s'interposer. Décochant à distance une volée d'insultes pour sauver son honneur, l'ennemi tournait bride et battait en retraite.

Ce tableau enfantin, au beau temps du collège, je l'ai vécu cent fois, n'y voyant rien de plus que la satisfaction d'en sortir épargné. Il contenait pourtant une mystique en germe : celle de l'amitié.

Quelque trente ans plus tard, c'est bien le même Jo qui nous fera cadeau des *Copains d'abord.*

On ne l'appelait pas encore monsieur Brassens.

1

Sauve qui peut ! Le vin et le pastis d'abord !

Lorsque mes parents et moi arrivâmes à Sète, en juin 1930, nous nous crûmes un instant des pièces rapportées.

C'était là une erreur, une notion abstraite de médiocre importance aux yeux des vrais Sétois. Bienveillant et débonnaire, le port languedocien accueillait à bras ouverts tous les déracinés, qu'ils fussent italiens, portugais ou espagnols. On naturalisa donc mon père rouergat, ma mère toulousaine et l'enfant mâtiné de ce couple étranger sans esprit tatillon.

Sète ne s'écrivait pas alors comme aujourd'hui. C'était la ville de Cette.

Vers 1932, un ministre distrait en changea l'orthographe. Des considérations fondées sur des faits très anciens, plus ou moins contestables, avaient mobilisé les coupeurs de cheveux en tout petits morceaux pour corriger l'Histoire, frapper d'alignement les malheureux dauphins.

Changement insolite, pavé dans notre mare plus connue dans les livres en tant qu'étang de Thau, ce bouleversement allait préfigurer, avec vingt ans d'avance, le début d'un saccage. Notre bel horizon devait, sous les coups bas des marchands de clapiers, en sortir défraîchi.

Ce massacre n'a rien pu changer – et c'est un grand bonheur – à l'accent du terroir, le plus beau de la côte, ainsi que chacun sait et, au tout premier rang, celui des cheminots qui chantaient la station quand le train s'arrêtait.

Ma tendresse et ma joie se trouvent rajeunies en évoquant ces noms claironnés sur la ligne : « Mireval ! Frontignan ! Les Onglous ! La Peyrade ! » Ils sentaient le safran, le pastis, la bourride… mais surtout le pastis, d'un goût inimitable au pied du mont Saint-Clair.

Comme le beaujolais, troisième fleuve de Lyon, le pastis était à Sète le complément naturel de l'eau d'Isanka qui alimente la ville. Consommée isolément, cette eau de source s'est bâti une solide réputation purgative mais, additionnée de pastis, elle retrouve par miracle ses vertus désaltérantes et refuse de vous donner la moindre colique.

Dans notre petit port, voué au trafic de tous les vins de la Méditerranée, à la fabrication des quinquinas, à la distillation du meilleur et du pire, la consommation légale de l'eau d'Isanka restait des plus raisonnables. En revanche, celle du pastis frauduleux atteignait des sommets édifiants ; pas un foyer qui n'eût sa recette, pas un bistrot qui n'eût sa bonbonne.

Les industriels de l'absinthe n'avaient pas tout à fait pris conscience du manque à gagner représenté par les fabrications domestiques. Ils n'avaient pas encore circonvenu les pouvoirs publics pour y faire obstacle.

Au Bar des Jouteurs, il suffisait de demander un « Antoine ». Au Bar de l'Esplanade, on réclamait trois « François ». Symboliquement, le patron tenait la bouteille sous le comptoir ; mais, comme l'intervention des gabelous eût provoqué une émeute, il ne jugeait pas utile de prendre d'autres précautions.

Si ces appellations incontrôlées s'appuyaient d'ordinaire sur le prénom du cabaretier, mon père témoignait d'une recherche personnelle plus poussée pour baptiser la production familiale. Il trouvait toujours le mot juste… C'était la cuvée de l'« Armistice », celle de l'« Exposition universelle », celle de la « Trinité », calligraphiée suivant la solennité de l'événement en gothique ou en bâtarde, sur une étiquette d'écolier.

Un rituel de fabrication sacro-saint : tant de grammes d'absinthe, tant de réglisse, de l'anis étoilé, de l'anis en grains et du fenouil. Ces plantes devaient séjourner dans l'alcool un nombre d'heures précis avant de passer sur un filtre en papier buvard.

Il arrivait que, pris de court par une pointe inhabituelle dans nos besoins coutumiers, il fallût écourter le temps de la macération. Il en résultait une petite cuvée qu'on oubliait au plus vite. Par chance, ce genre d'accident était rare. La matière première ne nous manquait pas, mon père se trouvant mieux placé que quiconque en matière de fraude : il était gabelou…

Qu'on n'aille pas imaginer que le pastis engendrait de fieffés ivrognes. Il arrivait certes, les jours de grande chaleur, que cette boisson échauffât un peu les esprits et rendît le verbe plus sonore. Mais je persiste à croire qu'elle demeurait moins nocive que les anisettes chimiques perpétrées aujourd'hui par les trafiquants patentés de mort lente. En tout cas, elle faisait des pêcheurs endurants, des jouteurs solides et de beaux vieillards.

Nous venions de Touraine, d'un petit village bâti par Richelieu.

C'est aux aléas de la carrière administrative paternelle que je dois l'accident géographique de ma naissance. Notez que je n'ai rien contre les beaux pays de Loire, peuplés de gens avenants, policés, dont on dit qu'ils parlent le meilleur français de l'Hexagone. Il n'en reste pas moins que cette origine ne rendit pas mon intégration facile.

Pour tout Sétois de bonne souche, l'Aigoual, c'est le toit du monde. Derrière l'Aigoual commence le « grand Nord » que Paris symbolise.

En gros, en ce temps-là, la France était déjà coupée en deux : il y avait les Sétois d'un côté, les Parisiens de l'autre.

Entre ces deux ethnies inconciliables, de petits marginaux jouaient les utilités, les peuplades incultes qui occupaient, vers Béziers, les premiers contreforts du rempart cévenol. On les appelait les « Gabach », ce qui, en patois local, signifie à peu près « paysans de la montagne ». On les tenait pour quantité négligeable. Au reste, l'ambiguïté de leur position frontalière les rendait suspects d'intelligence avec l'ennemi.

Moi, je venais du nord et mon accent tourangeau, qui ne laissait planer aucun doute, me rangea d'emblée dans la race étrangère. Les garnements du quartier n'y allèrent pas par quatre chemins ; le deuxième jour, on m'avait bricolé ce quatrain :

Parisien cocu,
La ficelle au cul,
Tu seras pendu
Par la peau du cul.

En dépit du côté rugueux de la comptine, je sus tout de suite que j'entrais dans la patrie des poètes. De fait, le troisième jour, je rencontrai Brassens.

*

Il n'y avait pas cent mètres, à vol d'oiseau, entre nos demeures. Il habitait tout en haut de la rue de l'Hospice qui fut, après la guerre, rebaptisée « Henri-Barbusse ». Au risque d'un chaud et froid, on a fini par troquer le père du *Feu* contre celui de *l'Eau de la claire fontaine* ; elle s'appelle aujourd'hui, pour partie, la rue Georges-Brassens.

S'il s'en est trouvé flatté, il n'en a pas moins par ailleurs exprimé son indignation :

Si faire se peut
Attendez un peu
Héros incongrus
Que l'on soit passé
Pour débaptiser
Nos petites rues[1].

Mes parents avaient loué un petit appartement au coin de la rue Carraussane, situation qui nous permettait, à Georges et à moi, de communiquer à l'aide d'un sifflet à roulette. Si ce mode de transmission nous amusait fort, je dois à la vérité qu'il ne faisait pas la joie des voisins.

1. *Jeanne Martin.*

J'avais alors huit ans. Georges tout près de dix : époque des culottes courtes dont il ne nous venait pas encore le complexe de rougir.

Je devais me satisfaire d'une petite taille et n'ai du reste pas beaucoup grandi. Georges portait déjà, sous forme d'ébauche mal dégrossie, les promesses du costaud qu'il allait devenir à travers les mutations de l'adolescence.

Je le traitais de « patapouf ». Il me rendait largement dix kilos, ce qui ne m'empêchait pas de le provoquer. Une « rouste », comme on dit au pays des tuiles rondes, sanctionnait mes provocations.

Notre seul point commun : une toison plaquée, façon Valentino. Nous sortions à peine des Années folles, marquées par un engouement frénétique pour les modes latino-américaines. L'époque était, pour les garçons, aux cheveux gominés. Nos compagnes en snobisme jouaient les Coco Chanel. Il n'était de bon goût que dans le chapeau-cloche, la robe frétillant au-dessus du mollet, le regard de velours et l'écho des pampas.

Quelques honnêtes femmes, nostalgiques de la guêpière et du faux cul, ne voyaient dans le tango argentin qu'une provocante et scandaleuse copulation en public, pratiquée par des « métèques ». Jugement sans appel.

Georges et moi nous en accommodions sans peine en lissant nos bouclettes. L'histoire était en marche.

*

Jo, comme on l'appelait, faisait en quelque sorte partie de la *gentry*.

Il faut se rendre compte... Son grand-père et son père, entrepreneurs de maçonnerie, avaient retapé la maison qu'habitait la famille. Cette bâtisse de deux étages abritait aussi des locataires. C'était tout de même un ton au-dessus des boutiquiers, des employés du port, retraités, fonctionnaires qui peuplaient le quartier. Quartier populaire, où l'on vivait dans la rue bien plus qu'à l'intérieur.

Estompés par les ans, des visages renaissent : Lacroix le réservé, sa sœur Vivise, plus belle qu'une madone de Fra Angelico, Marquès l'irascible, le gentil Nicolette, naïf comme simplet, le santon de la crèche. Je me souviens aussi de Madame Séradel, la boulangère. Dans sa jeunesse, au siècle précédent, elle avait eu pour commis un certain Caserio qui devait finir très mal après avoir trucidé à Lyon Sadi Carnot, président de la République. Madame Parenti, majesté rubiconde dans son épicerie Au Bon Gorgonzola, trônait comme un demi-muid dans un capharnaüm de quatre mètres carrés. L'exiguïté des lieux lui interdisant tout déplacement d'amplitude, seules ses mains semblaient douées de vie ; elles s'animaient d'un coup, comme des marionnettes, chaque fois que madame Parenti débitait trois sous de fromage râpé ou commentait, avec une prodigalité de gestes inouïe, le malheur des voisins et l'incontinence des chats de l'immeuble. Analphabète, ignorant le premier rudiment des chiffres arabes, elle alignait sur un papier graisseux des croix et des bâtons, puis, dans un temps à faire pâlir d'envie le calculateur le plus habile, annonçait le montant de vos achats. Chose extravagante, sans se tromper d'un centime... du moins à son détriment.

Ici s'impose une remarque. On disait : madame Séradel, madame Parenti, madame Pagès ou tout simplement Léonda. Il eût été incongru de dire la mère Truc ou la mère Machin. Cette survivance des mœurs du XIXe n'empêchait pas les jeunes d'alors d'être aussi mal embouchés que ceux d'aujourd'hui, mais avec une certaine révérence.

Les femmes y gagnaient. Il semble qu'elles ont perdu à revendiquer une absurde identité, « tout comme les calotins en ôtant le latin de la messe », Georges *dixit.* A vouloir jouer les hommes, elles ont fini par se désacraliser. Bien sûr, elles ont accédé au grade de général, à l'état de P-DG, de pompier, en restant rouages suspects dans la sagesse populaire, qui sait faire la part des différences physiologiques. Elles en ont perdu leur rôle historique essentiel. Dans le secret des alcôves, elles façonnaient les royaumes et les républiques, proscrivaient, accordaient la grâce, manipulaient la finance, dictaient les modes, enrichissaient les joailliers, ruinaient les imbéciles, assuraient le pain quotidien des raccommodeurs de faïence. Éminences grises toutes-puissantes, elles faisaient le monde, elles ne font plus que du bruit. Les braillardes des ligues féministes leur ont causé le plus grand tort.

Les hommes, eux aussi, avaient droit au respect. On disait monsieur Dupont, monsieur Dubois, en faisant exception pour monsieur Servel, mais dans son dos. Avec hypocrisie, Georges l'appelait « le père Servel ». Pour ne pas être en reste, j'imitais mon copain.

Tous les jours à midi, l'ancêtre empruntait la rue Carraussane, qui menait du collège au château vert.

Sorte de doux clochard, il ne connaissait qu'une thérapeutique pour assembler les pans déchirés du costume : l'épingle de nourrice. Il en usait de toutes tailles, pour les manches, les revers, les basques : une véritable exposition ambulante de petits bouts de fer. Quel âge avait-il ? Nul n'en sut jamais rien. Soixante ans. Soixante-dix. Peu importait. Les commères, qui aiment forcer sur la légende, le créditaient d'au moins quatre-vingts ans. En fait, il semblait né tel qu'il apparaissait au détour de la rue, avec ses yeux d'enfant bleu délavé, sa barbe rousse hirsute, sa casquette où subsistaient des traces de carreaux et ses lunettes d'acier renforcées de ficelle. Ainsi allait-il, plongé dans ses rêves, prisonnier d'un univers incommunicable.

Il ne se lavait jamais. Il fustigeait le côté pernicieux des ablutions avec la plus grande rigueur, en vertu d'une théorie originale dont l'exposé nous mènerait trop loin. Il n'en était pas moins pris en charge par les gens du quartier, qui se faisaient un devoir de le nourrir.

Tirant derrière lui une caisse à savon équipée de roulettes, il transportait les objets les plus inattendus : papiers, cartons, bidons d'huile vides, ferrailles rouillées, bric-à-brac inutile.

Intrigués par ce manège, Georges et moi le suivîmes et sûmes que cette camelote était destinée à améliorer l'habitat. Sur un terrain vague, derrière les casernes, il avait construit une baraque ouverte à tous les courants d'air. Mais, à Sète, il ne fait jamais très froid.

Les jours fastes, ceux de grandes trouvailles, la caisse à savon ne lui suffisait pas. Il la traînait à la bricole et poussait sa brouette. Quel que fût l'attelage, il ne se passerait jamais de sa boîte à violon. Un crincrin aussi crasseux que l'artiste, dont il jouait d'une façon exécrable, mais avec une constance touchante. A midi, s'il y avait un rayon de soleil, il s'asseyait sur un banc de pierre, sous la propriété des Taillan, et commençait son récital. Les passants les plus imaginatifs reconnaissaient un vague *Danube bleu*, un possible *Temps des cerises*, un *Plaisir d'amour* incertain. Jamais de rengaines à la mode. Il vivait hors du temps.

Si d'aventure une bonne âme jetait une pièce dans sa boîte à violon, il remerciait dans un murmure en ayant l'air de s'excuser. Indifférent à la recette, il n'y avait pas de lucre dans son cœur. La tradition orale rapportait que la mort de sa femme l'avait tourneboulé. On prétendait aussi qu'il avait été jadis professeur de mathématiques.

Georges et moi étions à couteaux tirés contre cette discipline. On ne nous a jamais ôté l'idée qu'elle portait une responsabilité écrasante dans la misère morale du père Servel.

2

Maman, papa, en faisant cette chanson...

On disait la mère de Georges d'origine italienne ; je laisse aux gazettes bien informées le soin de préciser : napolitaine. Ce détail ne m'a jamais tourmenté. En revanche, je la craignais comme le feu. Elle évoquait la *mamma* telle que la caricaturèrent par la suite Fellini ou De Sica.

Corpulente, autoritaire, le ton tranchant et assuré, elle régnait en maîtresse absolue sur son petit monde du 54. A l'exception toutefois du père Brassens, bonhomme pacifique, qui approuvait toujours mais n'en pensait pas moins. A l'exception aussi de Simone Comte, fille issue d'un premier mariage, qui affichait la plus complète indépendance, de Georges, qui faisait ce qu'il voulait... et du grand-père Brassens qui ne cédait à personne, fût-ce à Dieu ou sa femme.

En y réfléchissant bien, il n'y avait peut-être pas de relation de cause à effet entre cet autoritarisme spectaculaire mais inefficace et la nationalité de ses ancêtres. Ma propre mère, qui n'a jamais été italienne, entretenait au plus haut degré le même travers.

Les deux femmes se sont côtoyées sans jamais se fréquenter assidûment. Entre elles couvait un contentieux. Consternée par ma dissipation et mes résultats scolaires désespérants, ma mère accusait Georges de m'entraîner vers des chemins funestes... Ni plus ni moins que mon mauvais génie. Ce jugement péremptoire traînera, du reste, jusqu'à l'heure de la célébrité... et encore. Disons que celle-ci n'en tempérera que l'expression.

De son côté, madame Brassens élevait une progéniture supérieurement douée pour l'état de cancre. Mais dans son esprit ne planait aucun doute : Georges, sujet d'exception comme il se doit, n'y était pour rien ! Elle me désignait comme le seul coupable, avec préméditation, quand survenait, rue de l'Hospice, la lecture affligeante du bulletin mensuel.

S'il m'arrivait de siffler au bas de l'escalier pour appeler mon copain, elle se penchait sur la rambarde et me lançait d'une voix courroucée :

— On ne siffle pas ici, ce n'est pas une écurie !

Lorsque Georges, à l'entrée du couloir, criait : « Tube ! » pour m'appeler à quelque jeu, madame Miramont répliquait sur un ton tout aussi agressif :

— Tube a un nom, il s'appelle Émile !

Plus tard, nous en avons souvent ri.

En somme, chacune des mères avait conçu le phénix dont il n'était pas question de mettre en cause les qualités foncières. Elles ne se jetaient à la tête que l'infortune réciproque d'avoir enfanté un nuisible pour son propre rejeton.

*

Il faut revenir un instant sur le sobriquet de « Tube ».

La mode en a disparu mais, naguère, les surnoms, survivance du compagnonnage, étaient chose courante.

Au collège, Delarbre, face de lune tombée de la dernière averse, ne répondait qu'à l'appel de « Titin ». Estève, front bas de Cro-Magnon et lippe africaine, se prononçait « Bantou ». Quant au Mézois Diéval, ses fesses rebondies avaient donné « Cul-d'Œuf ». Profs et pions n'étaient pas épargnés : Titole… Courte-Patte… Corol… Totu…

J'avais hérité de « Tube ».

Si l'appellation ne faisait pas mon bonheur, elle possédait au moins le mérite d'être peu infamante. Quant à son origine mystérieuse, elle est peut-être le fruit d'une déformation. Il est possible que mon désarroi, devant un problème insoluble de parallélépipède, ait déclenché les sarcasmes de Corol – prof de math expert en corollaires –, provoquant une franche rigolade dans notre Landerneau de potaches. D'où un premier sobriquet de « Cube » qui a dû se transformer.

Bref, la mère de Georges n'admettait pas mes sifflets, la mienne ne supportait pas « Tube ».

*

Le père de Brassens venait du Languedoc, de Castelnaudary. Pour hausser le prestige familial au-dessus du cassoulet, Georges n'hésitait pas à bousculer la géographie de son arbre généalogique. S'appuyant sur une étymologie douteuse de son nom, il prêtait à l'auteur de ses jours une origine nordique et peut-être viking.

Norvège ? Danemark ? Je ne sais plus très bien. Cela devait remonter à des temps reculés car, si le papa Louis échappait par le gabarit aux critères méditerranéens, il en avait parfaitement assimilé la psychologie.

Bâti en déménageur de pianos, il jetait sur le monde un regard sans angoisse. Promenant d'un pas tranquille sa silhouette d'armoire normande, il prenait la vie comme elle vient avec un fatalisme désarmant. Le soir tombé, il savait qu'il y aurait un lendemain pour continuer le mur commencé la veille. En somme, que demain il ferait jour. Tolérant, bonhomme, « brave », comme on dit là-bas. Voici une anecdote qui va le situer bien mieux qu'un long discours…

Un matin, sur le mur de la cuisine, mes parents découvrirent une tache suspecte, sous le plafond, juste au-dessus de la TSF.

Sauf visite des musées, il est difficile aux moins de cinquante ans d'imaginer ce que furent les débuts de la « sans fil ». On s'est accoutumé à ces minuscules bijoux de plastique et d'acier, où deux petites piles bien propres suffisent pour faire danser un régiment… ou incommoder un quartier.

A l'époque, il s'agissait d'une grosse boîte dotée d'un couvercle en acajou et d'une façade en graphite noir, munie d'imposants boutons crantés qu'on manipulait lentement, presque à tâtons, pour trouver la station.

A la place d'honneur, un autel décoré supportait l'appareil comme un saint tabernacle. Il abritait aussi les batteries d'accus qui faiblissaient, honteuses, aux moments les meilleurs. Surmontant l'édifice, un cornet de métal en forme de virgule, ancêtre du baffle, diffusait le programme.

Cette étrange machine sifflait, crachait, grésillait. Les plus fins connaisseurs parlaient d'interférences et, le snobisme aidant, accusaient le *fading*.

Plus tard, Georges et moi l'évoquions pourtant avec tendresse. C'est à la TSF que nous avons dû nos premières joies musicales : Ray Ventura, Fred Adison, Jo Bouillon, Jean Sablon, Mireille.

Mais revenons à la tache suspecte. Elle s'élargissait, cependant qu'une odeur nauséabonde envahissait l'appartement. L'heure n'était plus aux suppositions. Il fallait recourir à l'homme de l'art. Ainsi convoquâmes-nous le père Brassens.

Après avoir levé sa casquette et s'être épongé le front, il s'abîma dans une longue contemplation du sinistre et finit par prononcer la sentence.

— C'est le tuyau d'évacuation des cabinets du premier, dit-il, il a dû crever dans le mur. Cette affaire n'est pas entièrement de mon ressort, il faut aller chercher le plombier.

Il y en avait un rue de l'Hospice, à droite en descendant, sitôt passé la rue de la Révolution. Trop heureux d'échapper un moment aux cas d'égalité des triangles, je proposai mes bons offices pour le quérir.

Nous voici donc avec le plombier et le père Brassens.

Après examens, commentaires, conciliabules, aller et retour, l'un avec sa grande échelle, l'autre avec son chalumeau, ils commencèrent à taper sur la paroi. Le matériau devait résister plus que ne permet le bon usage. Entre deux coups de blanc pour reprendre son souffle, le plombier hochait la tête et grommelait dans sa moustache : *« Aco es dé trabal ! »* En clair : « Ça, c'est du travail ! » La basse noble du père Brassens reprenait en écho : *« Aco es dé trabal ! »*

Soudain, sur un dernier coup de burin, tout céda. Justifiant le diagnostic du maçon-chirurgien, nous reçûmes dans la cuisine l'avalanche puante des latrines obstruées.

La TSF, déplacée au début de l'opération, échappa à l'outrage du caca épandu sur le sol ainsi que dans une culture maraîchère. Comme il n'y avait pas moyen de marcher ailleurs, jamais l'expression « mettre la merde dans le chantier » ne fut illustrée avec plus d'évidence. Il y en eut partout : sur la terrasse, dans le couloir, sur le paillasson et même dans la rue.

Je me refuse à croire que le spectacle lui ait creusé l'appétit mais, surprise passée, notre plombier retrouva son sang-froid.

— Ho ! Brassens, il est dix heures, on va casser la croûte…

L'historiette ne met en doute ni la compétence, ni le sérieux, ni le goût du travail bien fait de nos deux artisans. Elle prétend, tout au plus, situer un climat, une époque et un lieu où tout respirait (si j'ose dire) la joie de vivre.

D'après Chamfort, le temps se venge toujours de ce qu'on veut faire sans lui. Sensibles à la menace, ces paisibles travailleurs n'exprimaient qu'un souci : éviter tout conflit avec Saturne. Les Méditerranéens sont gens plus cartésiens qu'il n'y paraît : tel le père Brassens.

Nous reçûmes une facture assez salée. Le mémoire du plombier comportait le travail du maçon, sa propre main-d'œuvre et les fournitures, dont cinquante centimètres de tuyau de plomb suivis de la mention « trop court ». Une ligne plus bas, on pouvait lire, sans le moindre commentaire : « Tuyau de plomb, 80 centimètres. » De quel tuyau le plombier se servit-il pour effectuer la réparation ? Nul n'en sut jamais rien. En tout cas, il nous vendit les deux, apposant au bas de la facture une signature qui fit la joie des veillées : notre emmerdeur, au sens biblique, s'appelait Ange Lapivoine… Ça ne s'invente pas.

Plus tard, Paul Misraki composa la *Chanson du plombier* qu'interpréta l'orchestre de Ray Ventura :

Je vais chercher, attendez, ç'ra pas long
Trent'centimètr'de tuyau de plomb.

Georges ne put donc pas s'inspirer de nos déboires avec le colmateur de fuites. La chanson était déjà écrite. Elle fit néanmoins ses délices et contribua peut-être à sa vocation.

3

Et le moindre pochard avait tout de Bacchus

La vocation de Georges se manifesta très tôt. Elle pointa, dès cette époque, le bout de son nez, discrètement, transformant ce costaud, ce gros bras, en magicien des mots, amoureux de leurs consonances et de leur musique. Témoins les surnoms qu'il nous donnait, moins pour nous définir que pour nous affubler de sobriquets sonores aussi ronflants que des titres de noblesse ou des noms de chefs indiens.

Je me voulais, à ce moment-là, écologiste à tout crin, plus « vert » que les forêts d'Amazonie, dénonçant, fustigeant toute ingérence d'une main humaine dans l'ordre naturel. Seuls trouvaient grâce à mes yeux la grotte tutélaire, la source bienfaisante et l'arbre nourricier. Une sorte de retour au point zéro.

Porté par ces convictions, j'en vins à fonder le « Mouvement préhistorique », et tentai d'entraîner Georges sur les sentiers du « primitivisme ».

C'était oublier sa soif d'indépendance et sa forte allergie aux suffixes en « isme ». Il refusa obstinément la carte du parti, mais, en conseiller extérieur, estima que le guide d'une révolution aussi fracassante ne pouvait plus s'appeler Émile. A titre de sympathisant et pour rester dans le droit fil de cette philosophie, il me changea, dans un premier temps, en « Corne de roc ». La dureté du symbole minéral m'apportait certes des satisfactions, mais il me sembla que son côté statique répondait mal à l'agressivité nécessaire pour entraîner l'adhésion des masses. Sans trop changer la phonétique, l'aurochs, avec ses cornes et sa puissance me semblait plus apte à illustrer ma farouche détermination.

Sur ma demande, le comité central m'accorda à l'unanimité la modification. C'est ainsi que je devins « Corne d'auroch » avec une faute d'orthographe (j'avais oublié l'*s*)… J'ai corrigé depuis.

Puis, pour me faire plaisir, Georges se baptisa lui-même « Œil de mammouth ».

Avec André Larue, dont je parlerai plus tard, je ratai de peu l'inscription de mon premier adepte officiel. Bien que solidement endoctriné, André ne put surmonter ses penchants velléitaires. Il oscillait, d'autre part, entre un hebdomadaire explosif à créer et les pantoufles douillettes de la presse du cœur, auxquelles il devait finalement succomber.

Pour toutes ces raisons, Georges le baptisa « Plésiosaure indécis ». L'inspiration commençait à passer par là. L'inspiration et cette hantise du mot juste pesé au trébuchet d'apothicaire. A un ami qui lui demandait pourquoi, dans *le Gorille*, il avait fait « trancher le cou » au lieu de le « couper », il répondit :

— C'est le mot du Code.

Le lecteur veuille bien pardonner cette incursion prématurée dans l'impasse. Je m'étais promis, dans un premier temps, de ne mettre en scène que Georges, Sète et les Sétois. Incorrigible, je me laisse aller au fil capricieux du souvenir. Défiant mon goût de l'ordre, les farfadets de la mémoire nous ont fait franchir beaucoup de lieues, quittant le mont Saint-Clair pour entrer dans le XIVe arrondissement. Ces lutins facétieux, j'ai grand-peur qu'ils ne récidivent. Georges va encore grommeler :

— Tu mènes ce récit à lurelure !

Lui le puriste, le rigoureux, l'intransigeant...

L'oubli d'un bémol, un soupir déplacé le tourneboulaient au point d'ameuter les quatre horizons.

Dieu me pardonne et lui aussi, il m'arrivait d'ajouter une treizième mesure lorsque la mélodie n'en comportait que douze ; il rugissait :

— Tu chantes à *ba touta* !

Grief définitif.

Je ne sais pas le contrepoint, l'art de la fugue. La moindre clé de *fa* m'a toujours posé de délicats problèmes. Je continuerai donc à chanter « à *ba touta* » en demandant humblement à Georges un peu plus d'indulgence et aux connaisseurs de remettre les choses en place.

Leur place était à Sète. Nous y retournons.

Personnages du quartier, des quais, du collège, vous vous pressez en foule. Fantômes du passé mais fondus dans le gris, tout délavés par l'eau qui, depuis, a coulé au pont de la Civette. Je ne suis pas sûr de vous remettre les bonnes couleurs.

Di Rosa, le jouteur invincible, tenant du « Pavois d'Or ». Au son aigrelet du hautbois et sous les rafales du tambourinaïre, vissé sur la quintaine[1], il tombait ses douze adversaires… et pas des moindres. Avec les plus coriaces, il brisait quatre lances, mais ne rompait jamais. Superbe au défilé du matin, portant ses deux cents livres comme un saint sacrement, contesté néanmoins par les vieux de la vieille. Les plus de soixante ans ne voulaient rien entendre ; le héros du moment demeurait à leurs yeux une copie modeste du fabuleux « Mouton », terreur de l'après-guerre, champion de tous les temps passés et à venir…

Jeannot, le marchand de créponés[2] et de cacahuètes sur la plage du Kursaal. Tout rond, court sur pattes, s'agitant comme un chien famélique…

— Jeannot arrive ! Jeannot est là !

Il beuglait : « Pistache ! vanille ! chocolat ! » avec une telle vaillance qu'on l'entendait jusqu'à la rue Nationale.

Gatto, le chauffeur de taxi. Il cultivait l'équivoque : pantalon très large – à pattes d'éléphant –, chaussures beurre frais pointues à la poulaine. L'agent Barthélemy le suspectait de trafics mystérieux. Il ne prononçait pas le mot de proxénète, car celui-ci manquait à son vocabulaire, mais il se rattrapait avec les expressions du langage courant. Fernand ajoutait *mezzo voce* : « Ce caraque[3]… » Combien d'autres que

1. Plateau surélevé, à l'arrière des barques, sur lequel s'arcboute le jouteur. On le désignait ainsi par analogie avec la quintaine préparant aux tournois de chevalerie médiévale.

2. Appellation locale du sorbet… moins coûteux que les glaces.

3. De la Provence au pays catalan, le « caraque » reste l'appellation irremplaçable du romanichel, du gitan et par extension de tout individu quelque peu basané et vaguement douteux.

j'oublierai, que j'ai déjà oubliés. Mais Fernand surgit de l'ombre. Bien vivant, lui. Avec sa couperose et son cœur gros comme ça… Georges l'a bien connu.

Nos appartements voisins donnaient sur la terrasse commune, ce qui tissait des liens. Il ne passait pas d'heure que Berthe, son épouse, ne vînt emprunter des feuilles de laurier, prêter deux gousses d'ail. Sans aucun prétexte culinaire, elle traversait simplement pour faire la causette.

Les soirs d'été, portes grandes ouvertes, nous pouffions d'entendre Berthe morigéner son homme. Fernand se défendait comme un beau diable, mais n'avait pas raison. Du reste, personne n'avait raison devant Berthe… Tout à la fois dragon, cerbère, elle exigeait le dernier mot.

Chaque jour se répétait la même scène : après un baroud d'honneur, notre ami se trouvait contraint d'amener le pavillon. Fernand traînait un trop lourd handicap ; il était franchement porté sur la bouteille. Cette tache infamante ôtait toute valeur aux arguties, coupait ses moyens, sapait sa résistance.

On l'occupait aux caves des Taillan, les gros propriétaires d'en face. Il faisait le manœuvre, le bouche-trou.

Les chais se situaient au quai de la consigne. Roulant ses tonneaux, soutirant la mistelle[1], Fernand y remâchait une sourde rancœur. Il subissait chaque jour son ennemi juré : Julian, le contremaître. Il ne se passait pas de jour sans que Fernand vînt pleurer

1. La mistelle est un moût de raisin dont la fermentation a été interrompue. Elle sert de base dans la fabrication d'un grand nombre d'apéritifs.

dans notre giron. Les tracasseries, les mesquineries, pour tout dire la méchanceté de son tortionnaire, devenaient insupportables. Et il y avait vingt ans que cela durait...

Un esprit superficiel aurait pu s'interroger. L'employé buvait-il pour oublier les brimades du chef ? Julian sévissait-il pour le punir de son travers ? La vérité était ailleurs.

Fernand avait occupé des fonctions éminentes au service des Taillan. De celles qui vous permettent de glisser un pied dans l'intimité domestique des plus distants. Il avait servi comme chauffeur de maître : l'apogée de sa carrière.

Il fallait l'entendre, noué d'émotion, nous parler de sa Rochet, de sa De Dion, de sa Panhard et Levassor, merveilles astiquées, briquées, rutilantes. Jamais Berthe n'avait dû avoir accès à d'aussi jaloux égards. Il ajoutait sans la moindre ostentation :

— Monsieur Louis me disait ceci, monsieur Louis me disait cela...

Articuler « monsieur Taillan » ne lui eût pas semblé naturel... Le privilège des hommes de confiance.

Les Taillan, que je n'ai pas connus, confiaient la garde de leur opulente demeure victorienne à la famille Pouget, dominée par la haute figure de la tante Léonda. Des murs épais ceinturaient le parc planté d'essences rares où trônait la maison. En compagnie de Georges, on m'invitait parfois au sein de cet Éden à jouer avec Yvette, la fille des Pouget. Nous étions pénétrés envers la propriété, ses futaies, ses massifs, d'un respect sacro-saint. Le gravier des allées, on y posait le pied avec délicatesse. Nous marchions sur des œufs.

Les Taillan n'y venaient jamais. Laissant la maison de vins à des gestionnaires avisés, les enfants habitaient Paris. Ils avaient déserté le faste suranné des réceptions provinciales. J'imagine que, cédant aux modes nouvelles, ils s'adonnaient au golf ou tiraient le faisan en Sologne. Par voie de conséquence, les belles limousines partirent à l'encan. Fernand dut troquer la livrée de chauffeur contre un tablier de caviste. Pièce indiscutable parmi les meubles les plus patinés de la villa, être soumis aux caprices d'un sous-officier promu de la dernière ondée lui restait dans la gorge. Par indulgence envers le vieux serviteur, la direction tolérait ses ruades et ses intempérances.

Julian comprenait mal. Ce genre de faiblesse aiguillonnait son humeur tracassière.

*

Les pinardiers sétois fournissaient les rats-de-cave en vin de table, à titre gracieux, ce qui coule de source. La position paternelle, dans les contributions indirectes, nous permettait de bénéficier de ce petit privilège.

De telles pratiques sembleraient aujourd'hui vénales. Il ne s'agissait alors que de bonnes manières. Elles n'engageaient gravement personne. L'Administration se voilait pudiquement le regard devant les fonds de cuve, qui de toute façon se seraient évaporés. La part des anges…

L'entreprise Taillan était en charge de nous ravitailler. Fernand, cheville ouvrière de ces dispositions, descendait tous les mois notre quartaut[1] vide pour le remonter plein.

Cette corvée mensuelle lui ouvrait de plein droit le pastis quotidien. Berthe passait la main sur ce péché véniel, mais n'eût pas toléré qu'il en avalât deux. Cruauté mentale : Fernand n'était pas homme à boiter d'un seul apéritif. Aussi se révélait-il plein de ressources. Il rentrait du travail sur le coup de midi. Se glissant à pas de loup dans notre appartement par la porte du vestibule, il lampait avec un œil complice la rasade qui l'attendait. Puis, sortant aussi discrètement par le même chemin, simulait une arrivée bruyante côté terrasse, raclant les clous du brodequin et chantant à tue-tête...

— Bonjour la compagnie ! Il fait bien chaud... je vais boire le pastis chez madame Miramont.

Berthe n'était peut-être pas si dupe, mais elle ne pouvait à la fois avoir raison et lui couper la soif.

Brave Fernand, toujours prêt à rendre service. Un cœur d'or.

Il poussait le « gagne-pain » – dénomination sétoise du haveneau – plus souvent qu'à son tour quand, le dimanche matin, on allait au Barou. Sur l'étang, juste après les Métairies, ce pays de cocagne s'appelait le « four des Crans ».

Pour rien au monde je n'eusse raté ces expéditions. Le plus souvent, Georges nous accompagnait. Je ramassais des nacres dont ma mère faisait des fleurs, ornait des abat-jour.

1. Petit fût, d'une capacité de 40 ou 50 litres. Le mot est encore en usage chez les tonneliers.

L'aide de mon ami n'allait pas jusque-là. La baignade lui apportait un plaisir suffisant. Il ramassait quelques moules et passait le reste de ma cueillette à rêver sur le sable, avec parfois dans l'œil une lueur narquoise quand l'oursin me piquait.

Pendant ce temps, à tour de rôle, mon père et Fernand s'affairaient sur des hauts-fonds connus. Ils remplissaient un grand sac de jute : crevettes, gobies, crabes, anguilles et un autre plus petit pour les palourdes. Sur la terrasse, ensuite, on triait la récolte, répartissant les espèces en multiples cuvettes, le viatique anisé à portée de la main.

Le clou, c'était l'heure de la belote.

Fernand s'y acharnait. Après trois culottes consécutives, il lui fallait la dernière. Par sagesse, on ne jouait que des haricots, mais il y en allait de l'honneur. L'âme de Cambronne ou du maréchal Ney devant le peloton l'habitait à coup sûr. Soirées mémorables… La plus petite erreur dans l'impasse du dix ou l'appel indirect provoquait des tempêtes.

De tels excès surprendront toujours ceux qui vivent au-delà du 45e parallèle. Pour peu qu'ils se penchent au-dessus de la frontière, ils reçoivent ces cris, ces clameurs comme début d'émeute, signes avant-coureurs de guerre civile. C'est une vue trompeuse. Sur les rives de la Méditerranée, dès qu'on se prend un peu trop au sérieux, un bon ange ironique vous tapote l'épaule.

Ces joutes, parties de la tierce majeure et du dix de der, dégénéraient invariablement en pugilat politique. Vers 1936, le contexte s'y prêtait.

Rallié sans équivoque à la cause du peuple, Fernand pourfendait cagoulards, sbires de Doriot, suppôts de Déat, avec une énergie farouche. Il dénonçait les chéquards, balayait les privilèges, embastillait les affameurs. Ce qui ne l'empêchait pas de voter pour Escarguel, le député réactionnaire[1]. C'était un ami, il le tutoyait.

Il faut bien reconnaître que la défense du pain et des libertés lui asséchait affreusement l'épiglotte. La ration de pastis prenait dès lors un caractère d'urgence.

Jusqu'au troisième verre Fernand gardait son quant-à-soi. A partir du quatrième, sa pensée commençait à suivre un chemin plus tourmenté. Au cinquième, il lâchait son mot historique :

— Faisons une supposition !

Cette supposition, en huit ans de voisinage, nous ne pûmes jamais en savoir le contenu.

Elle agissait comme un déclic.

Berthe, jusque-là bonne fille, se levait d'un bond, fâchée tout rouge. Elle le ramenait *manu militari*, avec tambours et trompettes.

---

1. A la vérité, Gaston Escarguel, qui a légué son nom à la postérité sétoise sous la forme d'une plaque apposée au coin de l'hôtel de ville, était tout au plus un socialiste édulcoré, disons « radicalisant », capable de menues compromissions pour conserver ses mandats. Ce manque de rigueur (depuis, on en a vu bien d'autres) suffisait à mon père pour le désigner comme allié objectif de la réaction.

4

Ce qu'il faut de sanglots pour un air de guitare...

Fernand nous mettait, Georges et moi, dans le même sac : celui qu'on ficelle sur les petits chats à noyer.

Les éclats familiaux, dus à notre scolarité fantaisiste, n'étaient pas étrangers à ce jugement de valeur, mais il y avait des indices plus formels ; à commencer par notre prédilection pour ce qu'il appelait une « musique de sauvages ».

Tino, ce Calabrais « rougnous[1] », le faisait sortir de ses gonds. Les *« Vieni, vieni, Marinella-a-â, tchi-tchi »* avaient le don de le mettre en transe.

Fidèle au charme de Mayol, au tragique de Damia, il en était resté aux *Mains de femme*, à *Cousine*, à *l'Hirondelle des faubourgs*, aux *Roses blanches...*

En écoutant *la Voix des chênes*, *le Credo du paysan*, l'hydromel coulait dans son oreille. *Marins perdus en mer* décuplait l'émotion.

1. « Rougnous » égale « crasseux » en dialecte sétois. Il faut ajouter que Fernand mêlait en une même tribu Corses et Italiens du Sud, la Calabre réputée pour ses bandits en restant le repaire le plus détestable.

Quand l'interprète larmoyait dans *la Barque légère des trois petits gars*, il étouffait des sanglots. La convergence de ce flux lacrymal eût, à coup sûr, envoyé le navire par le fond bien avant le refrain : « Petits enfants, prenez garde aux flots bleus... »

Le reste était roupie de sansonnet.

Avec Charles Trenet, on vivait l'apothéose.

Ce dangereux épileptique provoquait chez Fernand une sainte fureur ou le plongeait dans un abattement profond. Il hochait alors gravement la tête, impuissant à exprimer sa désolation.

L'abandonnant aux plus sombres prophéties, Georges m'entraînait vers le deuxième étage, où nous avions tout loisir d'entendre nos airs favoris. Enfermés dans une sorte de réserve, qui prenait jour sur la cage d'escalier, là au moins nous ne dérangions personne.

Dans cette pièce, Georges entassait ses jouets... jouets de luxe : Simone le gâtait, en bonne demi-sœur. Un avion de tôle vernie avec des hublots peints où l'on voyait la tête du pilote. Une automobile rouge découverte – on disait « torpédo » – où le volant tournait suivant l'angle des roues. Un Meccano, taille « double zéro », beaucoup plus perfectionné que le mien et, raffinement suprême, un train électrique.

J'eusse volontiers joué avec ces merveilles, que m'interdisait la modestie du traitement paternel, mais Georges ne l'entendait pas de cette oreille. Négligeant ces fariboles, un seul démon l'habitait : celui de la musique. Bon gré mal gré, je devais me soumettre aux caprices du phonographe.

Dans un ravissement qui devait se prolonger de façon imprévue, le mélomane passait toute sa collection, de Ray Ventura à Fred Adison.

Un disque, en particulier, enregistré par les Comedian Harmonists, faisait ses délices. Sur la première face, on trouvait *les Gars de la marine*, sur la seconde *Quand la brise vagabonde*. La subtilité des harmonies en tierce qu'on découvre dans cette exécution devait le marquer pour toujours.

Rythmant du poignet sur la table, il reprenait ces thèmes, chantait, chantait tout, tout ce qui lui passait par la tête, tout ce qu'il entendait autour des musiciens ambulants campés sur l'esplanade.

Il est vrai qu'à l'époque les gens chantaient comme on parle : le maçon sur l'échafaudage, le peintre sur son échelle, le rétameur dans son échoppe, le pêcheur à ses filets : grands, petits, jeunes, vieux... La rumeur de la ville s'éveillait, s'endormait en chansons. La télévision n'existait pas encore et la radio balbutiante ne faisait qu'une consommation modérée de vedettes douteuses.

Je me souviens... le public adoptait une ou deux chansons par an : un « tube », comme ils disent aujourd'hui. On était économe, on ne jetait pas les musiques par la fenêtre.

1929 : *Ramona.*

1930 : *Les Gars de la marine.*

1931 : *C'est pour toi, Lola, ô ma brune.*

Qu'on ne m'en veuille pas si la chronologie manque de rigueur ; la mélodie reste authentique.

Ces années marquent la fin d'un phénomène social : celui des chanteurs de rue.

Grosse caisse posée sur la placette ombragée de platanes, soutenue par un joueur d'accordéon, un banjo besogneux, l'artiste poussait la ritournelle. La plupart du temps les badauds reprenaient au refrain.

Bon public, ils applaudissaient. Il ne restait plus qu'à ramasser la manne, des sous en bronze, des piécettes en nickel, et à détailler le petit format[1] auprès de la clientèle aisée.

Il y a beau temps que je n'ai entendu le fait divers accommodé sur douze notes.

Oyez, oyez, braves gens, la lamentable histoire de Violette Nozière,
Elle empoisonna ses parents... !

La préfecture de police et les mœurs renfrognées ont proscrit ces ballades : la mémoire d'un peuple. Théâtre populaire, spectacle de la rue tentèrent bientôt Georges. L'expression solitaire ne lui suffisait plus. Le besoin d'auditoire, le mirage des planches imposaient leurs attraits. Il prit la décision : on allait se montrer en créant un orchestre.

*

Simone, la bonne âme, complice du pire et du meilleur, fut sollicitée pour louer les instruments.

On commença par un saxophone.

Nous avions surnommé « l'os » cet engin de torture, à cause du bec en Bakélite.

Potassant d'arrache-pied une tablature à croquis, soufflant avec héroïsme, nous n'arrivâmes jamais à dépasser la gamme. Nous n'étions pas faits pour le pupitre à vent.

1. Le petit format a pratiquement disparu. C'était l'impression en 18 x 24 des paroles et musique des chansons à la mode.

Simone, de nouveau sur la brèche, échangea le saxo contre une batterie. Le rythme naturel de Georges devait y faire merveille. Nous ne rendîmes l'instrument qu'après en avoir crevé la peau. Celle-ci nous opposa pourtant une longue résistance... le temps de nous produire.

L'événement eut lieu, un soir, à la cité Doumé. Ce quartier avoisine le collège, au-dessus du marché municipal.

De confiance, mais néanmoins à bas prix, on nous avait loués pour la fête votive. Il n'était pas question, alors, d'arriver débraillés, sanglés de ceinturons et couvert de médailles. La bonne tenue exigeait nœud papillon et chemise blanche.

Ma tante Irène, jamais en retard d'une flèche du Parthe, soufflait la calomnie. On « semblait », disait-elle, des garçons de café.

Outre Mège, qui touchait un peu l'accordéon, et Georges se débrouillant pas mal avec la grosse caisse, j'étais mobilisé avec le banjo de papa. J'en tirais quelque bruit. Enfin, pour meubler une escouade indigente, on avait fait appel à Boby. Celui-ci n'entendait strictement rien à la musique. On l'avait cependant équipé d'une guitare hawaiienne ; sa mission était de faire semblant.

Paralysés par le trac des futures vedettes, nous ratâmes l'entrée, la suite et la sortie... Il paraît qu'on n'entendait que le « boum boum » de Georges.

Jusqu'au père Malgloire, paisible retraité des chemins de fer qu'on avait réveillé... Portant bonnet de nuit, il glissa à ma mère :

— J'ai « cru » des montreurs d'ours !

Le déshonneur. Au prix de quelle bonne volonté purent danser les jeunes, sur quel diable de rythme et avec quels faux pas, c'est un mystère qui, pour moi, ne sera résolu qu'au Jugement dernier.

Nous n'osâmes jamais réclamer le cachet.

Pas découragés pour autant, sur le métier nous remîmes l'ouvrage.

Mège s'entraîna à moins de fausses notes, Georges atténua la vigueur de ses coups, et je grattai avec une détermination nouvelle pour mieux me faire entendre. Seul Boby, indécrottable, garda sa superbe indifférence envers les dièses et les bémols. Le côté esthétique de la pose avec un bel instrument suffisait à son bonheur. Il se contenta de perfectionner son rôle de potiche.

Cette persévérance devait nous conduire vers d'autres destinées.

Tout en haut de Saint-Clair, les bistrots fleurissaient. Éclosion bien utile à ceux qui connaissent le prix des deux cent cinquante marches par la montée du collège. Au soleil de juillet, sur les pierres chauffées à blanc, le moindre diabolo vous pousserait au meurtre. Le débit de boissons y prend des formes de mirage, semblant près de la main et toujours repoussé.

Certains, bâtis de brique, façade enluminée, attiraient l'opulent touriste. Ils nous en imposaient. Des bistrots anonymes et un boui-boui minable complétaient le décor. Nous échouâmes là… Sicilien noiraud, « la Titoungue », maître de ces lieux, avait bricolé lui-même cet estaminet avec des planches ramassées sur la plage au bon gré des tempêtes. Mafioso des garrigues, il nous donna notre seconde chance.

Cet Olympia, La Rose des Vents, n'ouvrait que le dimanche. On y dansait.

La modestie de nos prétentions avait dû convenir au propriétaire, mieux que la qualité de nos accords. Pour la formation : dix francs de 1936, un sandwich par exécutant et limonade à volonté.

« La Titoungue » tiquait sur le cas de Boby. Une oreille attentive l'avait vite informé : l'ampleur de nos harmonies ne devait pas grand-chose au premier guitariste.

Ce fut à prendre ou à laisser. Par solidarité, tout compromis sur une amputation des cordes était inacceptable. De méchante humeur, le cabaretier dut consentir à tartiner un sandwich superflu. Il fut aussi convenu qu'à ce niveau de salaire nous pouvions éluder la contrainte du nœud papillon. Dieu merci, le public n'était pas difficile. D'ailleurs, il se désaltérait au demi-panaché pour quarante sous, tandis qu'au café d'en face, on demandait le double… on ne peut tout avoir.

Juste revanche de la cité Doumé : sans aller jusqu'à prétendre que nous fîmes un « tabac », le succès couronna nos études.

Georges avait adouci sensiblement la pédale et Mège jouait presque en mesure. Ce dernier avait bien du mérite, car il utilisait un accordéon diatonique. Pour le lecteur béotien, fichu de confondre un piano avec un trombone à coulisse, je précise que l'accordéon diatonique, en faveur durant l'enfance de cet instrument, produisait deux notes différentes avec la même touche, suivant que l'on tirait ou que l'on poussait. A l'opposé, l'accordéon chromatique, qui est venu plus tard, donne la même note, que l'on souffle ou que l'on aspire. On comprendra qu'il y avait là une extrême complication, aggravée par le strabisme divergent de l'artiste, tout à fait capable de se tromper de touche. Donc, bien qu'il louchât, Mège jouait moins mal et Georges, qui n'a jamais louché, jouait de mieux en mieux. Même Boby avait fait des progrès : au prix de cours du soir laborieux, il avait fini par assimiler deux accords. En les plaçant au petit bonheur, il innovait. Ces dissonances d'avant-garde restaient d'ailleurs sans conséquence sur l'auditoire ; les basses de l'accordéon étouffaient ces fantaisies sous un boucan de tous les diables.

Bref, Boby justifiait son sandwich, nos étoiles montaient et la foule venait à nous.

Notre succès s'explique par un clivage social des plus simples : d'un côté les petites gens, filles de dockers, de pêcheurs, employés de maison, des P et T, des douanes ; l'immense majorité. De l'autre, les vrais riches : bien petite cohorte. Il n'y avait alors que très peu de faux riches, atteints par le démon du mimétisme, ceux dont madame Brassens, dans un langage imagé, disait « qu'ils pétaient plus haut que leur cul ». L'évolution des mœurs devait plus tard, hélas ! en décupler le nombre, provoquant dans la convivialité de détestables ravages.

Notre pratique se recrutait chez les humbles, pas mécontents de leur état. Elle nous valait l'affluence.

Le beau café d'en face assumait d'autres frais. Il payait un orchestre sérieux ; au moins dix artistes... De vrais musiciens, ceux-là. Ils alignaient saxophones, trompettes, violons, jusqu'à une contrebasse et un exécutant de grande taille frappant sur un petit triangle.

Sous leur cravate et leur veste blanche, ces bougres transpiraient d'abondance mais, sans zèle particulier, jouaient très bien. Ils n'attiraient pas un chat : le bide. Pour se mettre à la langue du marketing, on pourrait dire qu'au tarif de la consommation ils n'avaient pas choisi le bon créneau. L'erreur ne fit sans doute pas nos choux gras, mais nous procura quelques satisfactions d'amour-propre.

Ce souvenir offrira bien plus tard à Georges une vengeance réchauffée.

Il m'a toujours affirmé que le responsable de la formation concurrente n'était autre que le célèbre Paul Durand. Le même Durand qui, ayant glané quelques miettes de gloire, devait se conduire comme un paltoquet aux heures sombres de l'impasse. Mis en présence des premières chansons de Georges, il fit éconduire sans fioriture son compatriote sétois ; ça ne valait pas un clou...

Peut-être bon chef d'orchestre, il manqua visiblement de flair.

Si la conclusion de leur dialogue parisien est authentique, la présence de Durand au bistrot de Saint-Clair me semble moins certaine... Pour faire joli, Georges n'a jamais reculé devant une entorse à l'histoire.

5

Auprès de mes amis d'enfance, les dauphins...

Depuis nos rêves de quinze ans, je suis quelquefois revenu à Sète.

« L'île singulière » du poète surgissait au milieu de ma route comme étape idéale. J'habitais alors Lyon et me rendais plusieurs fois l'an en Gascogne, berceau de mes ancêtres. Mais, au-delà de cette position routière privilégiée, il y avait ma soif de retrouver nos pas.

J'ai de nouveau gravi la rue du Château-d'Eau, salué le collège, parcouru le Souras.

J'ai retrouvé Fernand. Vingt ans étaient passés. Fernand ne buvait plus. Berthe avait perdu le goût d'imposer ses raisons. La vieillesse se rit de tous les attendus... la fin des haricots.

Monsieur et madame Brassens vivaient comme autrefois dans leur deuxième étage. Seule une lueur de fierté éclairait leur prunelle ; le talent reconnu de l'enfant contesté avait rivé leur clou à des tas de balourds.

La villa Taillan a échappé au pic des promoteurs. Le mur aussi, avec son banc de pierre ; mais Léonda est morte. Les Pouget ont disparu. Yvette doit être mariée, maman et peut-être grand-mère. Ma fiancée de treize ans... Depuis la fenêtre des Cahuzac, je lui jetais, enveloppant un caillou, de petits papiers où j'avais écrit « Je t'aime ». Elle rougissait beaucoup, puis renvoyait le caillou pour un autre message.

Disparus les Pagès... Disparus le Kursaal, les chantiers généraux. Les lieux où l'on revient après de longues absences ont l'air de cimetières. A Sète comme ailleurs, le béton a fleuri. J'ai vu Henri Delpont avec des soucis d'homme.

Ma dernière visite fut pour le Ramassis[1]. Il s'y était passé quelque chose.

— Ohé Jo ! fais-nous un signe de la main... prends ta guitare... chante-nous en dansant ce vieil air bigouden accommodé pour Jeanne :

Connaissez-vous le petit Beaubichon,
Le préféré de Grosbidon...

Fais-nous rire... On ne va tout de même pas rester comme des cons, la larme au coin de l'œil. Descendons comme avant la rue de l'Esplanade.

*

Le dimanche matin, rue de l'Esplanade, battait le cœur de la cité.

Sur guère plus de cent mètres, limitée au nord par la rue Gambetta, au sud par la Civette, elle apportait une contribution déterminante aux destinées locales. Là se commentait l'événement, se tenaient les

1. Seuls les journalistes parisiens parlent du cimetière « le Py ». Les Sétois disent « le Ramassis ».

conciliabules, se prenaient les décisions les plus graves, se préparaient les rencontres capitales. Là éclataient les joies, mûrissaient les chagrins, se nouaient les amours. Dès le matin dix heures, on s'y pressait en foule, vêtus de beaux atours. L'époque avait ses rites.

La coutume d'alors fera rire aujourd'hui ; nous avions des habits réservés au dimanche. Il eût été mal vu, pour tout dire impensable, de porter ce jour-là des vêtements courants.

Sur notre trente et un, formés en petits groupes, nous montions, descendions, remontions en navettes qui ne trouvaient de trêve qu'à l'heure du rôti.

Rue toute bruyante de colloques, d'appels, de cris, de brouhaha. Garçons entre eux, filles entre elles, on comptait peu de mixité. Notre timidité faraude, avec cent maladresses, s'exprimait en lazzis, en bourrades, à chaque rencontre avec les escouades féminines de l'École supérieure.

Elles y prenaient plaisir, gloussaient comme des dindes. Il arrivait qu'un membre de nos mâles escadrons arrachât une fille à son escorte. Cette folle témérité défrayait la chronique jusqu'au prochain dimanche. L'audacieux en restait nimbé d'une gloire éphémère et, durant ces huit jours, montait sur le pavois pour cet exploit galant.

Il ne faudrait pas croire que l'impétrant hardi, même sûr de ses chances, allait à l'abordage comme on lit le journal. Ainsi que le flamant exécute sa danse pour soumettre la belle, le postulant devait respecter les usages ; il devait s'engager en longues tractations, par relations communes, avant d'être agréé. Puis, l'accord négocié, il fallait bien trois mois pour, d'une main timide, entrouvrir un corsage.

Ces charmantes pudeurs, ces galants préambules, n'ont plus droit de cité. Aujourd'hui au musée de la carte du tendre, ils peuplent les greniers et c'est bien regrettable.

Tel le fin connaisseur qui respecte la bouteille, fait chatoyer la robe et hume le parfum, s'imprègne la papille avant de déglutir, les amants d'autrefois avaient du savoir-vivre et du savoir-aimer.

*

Georges m'assista souvent dans mon courrier du cœur, fut le porte-bouquet dans mes travaux d'approche. Bon pour tous les services, y compris pour aller chez les filles de joie.

La boîte à matelots avait pour nom L'Escale.

Les sermons du curé et la peur de l'enfer ne pesèrent pas lourd. Il fallait s'imposer devant la coterie, exciter les petits avec l'air supérieur de ceux qui en savent long, et traiter en égaux avec la classe aînée.

On avait dû tricher avec nos quatorze ans, sans duper pour autant la mère maquerelle. Il est vrai que Marthe Richard, accaparée par les secrets militaires, n'envisageait pas encore de prémunir contre la vérole les populations d'étudiants. L'âge comptait bien peu.

Je nous revois, verts de peur, Georges agressé par une forte Allemande dont j'ai perdu le nom. Rina m'était échue, une brune Italienne. On fit les braves tant qu'on put… mais l'audace a ses bornes. Laissant sur le comptoir notre diabolo menthe, on s'enfuit au galop.

Nous chantâmes néanmoins nos prouesses imaginaires avec d'autant plus de conviction qu'elles n'avaient pas eu de témoin. On finit même par y croire. Le pas plus assuré, l'air plus avantageux des écumeurs de filles, on reprit possession, par le haut du pavé, du parcours favori.

La rue de l'Esplanade comptait de nouveaux durs.

Au long de ce parcours, le choix du bon trottoir avait son importance. Celui de gauche, allant vers la Civette, était très fréquenté. L'autre, presque désert ; on l'appelait « le trottoir des cœurs ».

Je ne sais pas si cette discrimination est encore de mise. Une étude sur nos mœurs provinciales montrerait qu'elle a peut-être survécu, mais en ce temps lointain on ne barguignait pas. Une superstition, d'origine incertaine, nous interdisait autant de traverser la rue que de passer une échelle... Ainsi les matrones de la Grande-Rue haute, qui se signaient en voyant un chat noir.

Bref, d'un côté, les cocus confirmés, de l'autre, ceux qui visiblement n'étaient pas au courant.

Georges ne creusa pas longtemps le bien-fondé de la légende, pas plus qu'il ne supputa ses propres chances de classification. Il abandonna assez vite la règle dominicale. Peut-être y avait-il déjà chez lui le dédain du pluriel ; dès son premier vélo, il préféra courir les routes en solitaire.

Je ne lui ai connu, durant cette période, qu'une seule attirance ; elle s'appelait Renée Aubert. Elle avait le regard sérieux d'une fille très mûre et, à quatorze ans, en paraissait dix-huit. Je ne pense pas qu'ils aient échangé d'impérissables propos, mais ce visage grave devait le poursuivre longtemps. Signe d'originalité : il ne l'avait pas découverte rue de l'Esplanade.

Tout au bout de la rue trônait le saint des saints... le haut lieu du football. Je l'annonce en fanfare : voici le « Club des frites ».

Comme on gagne les guerres au Café du Commerce, c'est au sein de ce club que l'équipe locale arrachait ses victoires. De l'aube au crépuscule, il y avait affluence. Plus heureux que Soubise au soir de la défaite, le président Bayrou ne manquait pas de troupes.

Imaginez un cabanon de bois posé sur l'esplanade face au café du même nom, siège social du Football-Club de Sète. En prétendant vendre des frites, le tenancier tenait salon, un salon de plein air, plus proche du meeting que des mondanités. Il se dépensait d'un groupe à l'autre, corrigeant ci une erreur de tactique, redressant là la course du ballon, bloquant un penalty, perçant le mur adverse.

Il baissait le rideau et suspendait la vente... Il entrait dans le match. Les nombreux supporters, en cercle autour de lui, faisaient dans la vaillance. Partis dix le matin, plus de cent à midi, près du triple au couchant, leur bravoure explosait en un beau tintamarre. Cela gesticulait, cela s'invectivait, le ciel pris à témoin... Les saints du ballon rond subissaient mille outrages. De vraies disputes éclataient. On en venait presque aux mains. L'affaire prenait alors un tour épique.

La ferveur du maillot brochant sur la passion, on touchait au tragique... c'était *l'Iliade*, *l'Odyssée*, la colère d'Achille. Les gringalets et les pusillanimes, pour prouver leur ardeur, tenaient le premier rang. Et la rumeur enflait, scandée de chœurs antiques. Elle prenait son envol, faisait trembler les cieux.

Il faut dire que Sète avait une fameuse équipe. L'emblème vert et blanc avait conquis ses titres, inscrivant à son palmarès le doublé Coupe-Championnat. Le grand rival, l'Olympique de Marseille, ne pouvait se prévaloir de la même auréole.

Les artisans de cette gloire, gravés en lettres d'or dans le cœur des Sétois, se voyaient révérés à l'instar des plus forts. Seuls les grands *toreros*, passé les Pyrénées, se targuaient d'un tel lustre. Leurs noms claquaient au vent : Chardar ! Llense ! Gabrillargues ! Franquès ! Charly Cros ! Les dieux de la cité, égaux de Manolete.

J'ai lu, sous la plume d'un chroniqueur indigne, que la récente gloire des Verts stéphanois semble en tout point pareille. Analyse sommaire d'un plumitif du Nord qui ne comprendra rien à l'*afición* sétoise.

Que Platini rate un coup franc, que Hrubesch place sa tête dans la lucarne et voilà tous les Basiles ameutés. On crie : « Ils ont perdu ! », comme on criait la veille : « Nous avons gagné ! » On les mange tout crus, on les écorche vifs. Pas de mots assez durs… Traîtres ! Pendards ! Voyous ! Tout juste bons pour les petits cochons, Janvion, Castaneda doivent raser les murs.

Au club des frites, il en allait tout autrement.

Les soirs de Waterloo, la mine était plus grise, le ton plus mesuré, mais la flamme veillait. On refaisait le match. On retrouvait la chance, le chemin des filets. L'énergie faisait face. L'arbitre, ce vendu, s'échappait en lambeaux devant l'union sacrée et, les lampions éteints, le triomphe moral des valeureux Sétois traitait par le mépris les quatre buts honteux marqués par l'adversaire.

Les temps ont bien changé.

Le président Bayrou hante maintenant les grands stades sous la lune... ceux des Champs-Élysées, où l'on ne compte qu'en victoires.

Par une chute inexorable, le Grand Pavois tomba en cul de basse-fosse : celui de la troisième division ; les Dauphins ne sont pas pour les demi-mesures. Quant au patron du Club des frites, il ferma sa boutique. Il gagnait peu d'argent au temps de la splendeur. La fin du Football Club précipita sa ruine.

La baraque elle-même a été démolie. On a mis à sa place un cabanon en dur, beaucoup plus esthétique. Mais faute de passion pour le fanion local, il ne crie pas si fort.

*

Georges goûtait peu les sports d'équipe, sans dédaigner pour autant de cultiver sa forme. Il ne rechignait pas au travail manuel, à condition, comme pour tous les travaux, de n'y être pas contraint.

Je l'ai vu quelquefois gâcher du ciment, poser des moellons. C'était fameux pour les pectoraux, le grand trapèze.

Prétendre qu'il découvrait un enchantement durable dans le labeur assidu relèverait de l'exagération. Mais, s'il y avait urgence, il fallait bien de temps en temps prêter la main au pépé Jules et au père Brassens.

Sollicité pour d'autres distractions, il me répondait, un peu contrit :

— Non, aujourd'hui je travaille avec mon père. On doit terminer un mur rue de Montmorency.

En fait, après qu'il eut apporté sa contribution durant une longue matinée au revenu familial, Louis n'hésitait pas à lui rendre sa liberté. Le père Brassens sentait bien qu'il n'y avait chez son garçon ni vocation atavique, ni même violon d'Ingres dans l'exercice rentable de la truelle et du fil à plomb.

Par ailleurs, le côté sporadique de son dévouement à l'entreprise paternelle ne tirait pas lourdement à conséquence ; l'opinion publique savait accorder l'indulgence plénière aux adeptes farouches des boulots achevés.

Avec le recul qui enjolive bien des choses, il me semble aujourd'hui que l'on vivait une époque de relative facilité.

Le paquet de cigarettes – pas n'importe lesquelles : des High Life, tabac blond en étui cartonné – coûtait quarante-cinq sous, soit l'équivalent de deux centimes et demi « de Gaulle ». Mon père ne fumait pas autre chose que cette herbe assez fade. Il passait un peu pour le sybarite du quartier. Le tabac gris, d'un usage plus courant, baptisé « gros cul », ne dépassait guère quinze sous[1]. Le poulet du dimanche (pas de tous les dimanches) restait une

1. Le franc valait vingt sous… Quand je parle de franc, c'est celui de jadis, qui ne valait pas plus d'un centime d'avant l'euro.

nourriture raffinée dont on n'usait qu'avec parcimonie ; il coûtait bien cent sous. Seuls les millionnaires étaient en mesure d'en consommer les jours de semaine.

Les salaires, il est vrai, marchaient à l'avenant. Si ma mémoire est bonne, l'administration octroyait tous les mois à mon père mille cinq cents « Léon Blum », soit quinze francs actuels.

Le pactole se révélait néanmoins suffisant pour m'accorder le prêt hebdomadaire : cinquante sous. Il y en avait assez pour le cinéma, une glace à l'entracte, un demi-panaché... Le comble du bonheur !

Loin de ces considérations strictement pécuniaires, nos mœurs provinciales de 1936 engendraient une joie de vivre dont je n'ai pas tout à fait oublié la saveur : celle du rythme paisible des jours.

On prenait tout son temps pour accomplir sa tâche. Quelle que fût la distance, elle se faisait à pied... au mieux à bicyclette. L'âpreté du gain restait secondaire : amasser de l'argent, et qu'en aurions-nous fait ?

Les femmes savaient cuisiner des repas délectables, sans recourir à une panoplie mécanisée dont nous n'eussions pas imaginé l'avènement.

Posséder une auto faisait partie des chimères inaccessibles. Au reste, il en circulait trop peu pour nous donner le mauvais exemple.

L'idéal du Sétois, c'était la « baraquette » au flanc du mont Saint-Clair, rêve à portée de tous.

Cet état d'esprit déterminait une forme de gentillesse dans les rapports humains, les disputes pour rire, la longanimité et le sens de l'humour. Qu'on ne m'en veuille pas de ce passéisme naïf. J'y retrouve quelques vertus enfuies. Les ambitions suspectes ne dépassaient pas les murs de la cité. Si l'on comptait peu de prodigues, on ne voyait guère plus de grigous. Quant aux méchants et aux envieux, ils n'ont pas laissé de traces en ma mémoire.

Est-ce à dire qu'on vivait l'âge d'or ? Je n'irai pas jusque-là. Il fallait aussi compter avec les cons, dont Georges fera plus tard la plus large consommation… Mais nous abordons là une tout autre histoire.

6

Au rendez-vous des bons copains Y'avait pas souvent de lapins

Georges ne répugnait pas à l'effort musculaire. Il le manifesta par le goût du vélo.

Bien avant nous, il avait accédé à la propriété d'un demi-course neuf. On en était jaloux…

Pour ma part, j'eusse volontiers conclu un pacte avec le diable pour posséder la superbe machine blanche, avec des jantes en bois, suspendue dans la vitrine, rue Nationale – le magasin de cycles. Papa et maman se fussent contentés, eux, d'un pacte plus concret avec les mathématiques… une place de premier restait la condition *sine qua non* pour décrocher l'engin.

Le culte à Pythagore dépassa nettement mon goût du sacrifice. Je dus me contenter du vieux clou paternel, grinçant comme un fardier et pesant vingt kilos. Il me permit néanmoins de rejoindre Georges – dès cette époque, on allait à lui, il ne venait pas à nous – sur les routes ensoleillées de La Peyrade à Bouzigues, de Gigean à Mireval. Accompagnés de Marcou, Delpont, Boby, on poussait du jarret, mais la musique ne perdait pas ses droits : le tyran y veillait. Bien qu'on fût essoufflé, il fallait entonner ses chansons préférées : *Tching Kong, tout petit petit chien chien, Le Vieux Château, Les Gars de la marine, Tout est au duc, Toi c'est moi*, l'opérette de Pills et Tabet :

On a tous les deux
Des lunettes
Sur les yeux,
Un serre-têt'
Qui nous tient les ch'veux...

et tout un répertoire déjà fourni.

Au risque de recevoir des coups de bâton, on sautait les murettes pour se désaltérer au raisin de muscat, dans les vignes de Frontignan.

Si Georges nous surpassait dans l'engagement sportif, il en tirait bénéfice, nous dominant d'une bonne demi-tête. Plus tard, dans l'impasse, torse nu, été comme hiver, il fera de la gymnastique suédoise avec des haltères de cinq kilos... assez fier de ses biceps. Je l'ai même vu jongler avec une gueuse de quarante livres, feignant de la lancer pour que je la rattrape. Imprévisible dans la fantaisie, je le savais capable de ne pas faire semblant et, soucieux de mes pieds, sautais comme un bouchon avec des cris d'orfraie.

Le sportif solitaire manifestait quelque attirance pour les courses cyclistes : Bordeaux-Paris, le Tour de France, sans aller toutefois jusqu'à barioler aux couleurs nationales les capsules de limonade figurant les coureurs : Guerra, Félicien Verwaecke, Maurice Archambaud. Il faut bien l'avouer : le vainqueur du Galibier nous passionnait bien plus que celui de Marignan et, durant l'épopée de la « Grande Boucle », nos maîtres avaient grand-peine à interrompre le déroulement régulier des étapes sur les pupitres.

Par contre, Georges affichait une indifférence méprisante pour les matchs de football. Il brocardait les braillards de l'Esplanade.

Ce tapage lui cassait les oreilles et, s'il lui arriva d'exprimer cette agression sous une autre forme, il n'eut que raillerie envers les sports de masse. L'engouement pour ceux-ci ne semblait à ses yeux que des trépignements de gamins attardés. Mis à part la musique, peu de choses comptaient.

*

Ce penchant forcené ne nous empêcha pas de faire une incursion dans l'art du cinéma.

Dans notre cagibi, rue de l'Hospice, tout à côté du phonographe, trônait un appareil de projection qui devait sans doute sa présence aux largesses de Simone. Délaissant les autos et autres amusettes, Georges lui portait le plus vif intérêt. On passait des Mickey, des Donald, tout le répertoire du premier âge qui nous laissait sur notre soif. A treize ans, la fréquentation hebdomadaire de Gary Cooper, James Cagney, Marlene, dans les salles obscures de la ville, nous ouvrait tout de même des horizons plus sérieux.

Le sort était jeté, on allait faire un film.

Un regard sommaire sur les génériques nous montra d'emblée que la première image allait au producteur : Metro-Goldwyn-Mayer, Pathé, Universal. A l'évidence, il nous fallait d'abord créer la firme. Après de longs débats, on arrêta un sigle : A.C.S., Association cinématographique sétoise.

L'appellation étriquée ne répondait certes pas à des ambitions planétaires, mais, en ce temps-là, on parlait peu de mondialisme... et puis nous avions trop l'amour de la cocarde.

La distribution s'opéra sans longues controverses.

Pour son physique de séducteur, à Jo, comme d'habitude, échut le premier rôle. Giordano fut gangster. Il en avait la tête. Marcou, Buster Keaton... du pain bénit – j'ai rarement vu lancer d'aussi énormes blagues avec un air si triste. Delpont promu metteur en scène, Boby se trouvant chargé de la danse à claquettes. Miramond, l'autre, avec un « d », celui-qui-a-réussi-aux-bourses-du-lycée[1], se retrouva sans emploi défini (signe prémonitoire de ses vicissitudes). Gazagne assura ses penchants de critique. Quant à Boby, il ne devait pas ternir son image. On le sacra semeur de zizanie : tout ce qu'il savait faire...

Le seul qui eût été en mesure de donner des avis pertinents ne fut pas appelé. C'était un fort en thème, toujours prix d'excellence. Il nous complexait. On le fréquentait peu. Ses parents géraient l'Odéon, un petit cinéma près du pont National. Depuis sa toute petite enfance, il baignait dans le spectacle.

Il est regrettable que la hiérarchie des valeurs, l'emploi des compétences, nous aient à ce point échappé. Le camarade se fût révélé d'un grand secours.

1. J'avais en effet un homonyme, Yves Miramond. Celui-ci nous fit la très méchante plaisanterie d'être reçu aux bourses du lycée, tandis que Georges et moi étions recalés. Nous ne lui en gardâmes pas rancune, mais l'honneur des deux familles ne devait pas s'en remettre.

Il montra plus tard, avec Ulysse et Codine, qu'il savait tutoyer le talent. Son nom : Henri Colpi...

La question des finances demeura sans réponse. Nous ne jugeâmes donc pas utile de nous pourvoir d'un trésorier.

Simone, fidèle à son destin, loua la caméra et acheta les bobines.

Nous nous heurtâmes alors aux premières embûches. Il fallait un sujet. L'un penchait pour l'amour, mais nous ne disposions pas de vedette féminine. Nos petites amies, sollicitées, se défilèrent ; le métier de saltimbanque encourait la réprobation des familles. L'autre, bouleversé par les titres de la semaine – *Dracula, Frankenstein* –, voulait un film d'horreur. Le troisième, un Tarzan... mais de toute évidence, il manquait le décor – on ne peut pas confondre la garrigue avec les forêts du Zambèze. Les plus inconséquents rêvaient d'une fresque guerrière et de combats sanglants. Prenant le risque de nous noyer, un naïf réclamait un drame de marine. Il n'y eut pas d'accord, sauf sur un bout d'essai. On écrirait le scénario plus tard.

On se rendit au pont de La Peyrade, sur un terrain pelé propice aux grands desseins.

Là se trouvait un âne. Le paisible animal grignotait des chardons. Il n'en fallait pas plus. Nous tenions tous les ingrédients : les plaines du Far-West, le mustang, et nous ne manquions pas de cow-boys intrépides. La superproduction ferait pâmer les foules ! Enfoncés le Texas et le Colorado !

C'était, hélas ! compter sans l'âne.

Dès les premiers tours de manivelle, cet obstiné refusa son concours de la façon la plus catégorique.

A peine bon pour figurer dans une production de série B, il ne savait pas ses répliques. Le metteur en scène ne put rien en tirer.

Si la séquence ne prit pas une place de choix dans les anthologies à usage de ciné-clubs, elle se termina néanmoins sans dégâts excessifs. Nous en fûmes quittes pour quelques coups de sabots. Quant à la pellicule, elle fut trop impressionnée pour nous livrer la moindre image.

Le vrai souci vint de la caméra : notre acteur débutant l'avait cassée au cours d'une ruade. Déboires de l'amateurisme et du bénévolat.

Nous ne cherchâmes pas à négocier la firme, elle avait perdu l'essentiel de sa valeur.

*

Georges planta là sa carrière dans le septième art. Il regagna sa tour d'ivoire. Je l'y suivis par amitié et par habitude.

L'appareil de projection n'ayant pas souffert de l'aventure, on fit de nouveau appel à lui pour des plaisirs réchauffés : un sort bien monotone. Par bonheur restaient le phonographe et les disques chéris. Et puis, au cagibi, il se passait des choses.

Celui-ci communiquait par un couloir avec l'appartement des grands-parents Brassens.

De temps en temps, des éclats de voix nous parvenaient. Nous y prêtions l'oreille. Georges me glissait sans rire :

— Le pépé engueule sa vieille.

Affirmation sans fondement ; elle ne traduisait que son goût du lyrique. En vérité, la mémé était sourde tel un chaudron. Pour réclamer ses pantoufles ou son tabac, Jules se trouvait contraint de mugir comme une sirène de bateau de la compagnie Paquet.

Les ancêtres logeaient sur l'arrière de la maison : deux pièces indépendantes, côté rue Arago. Ils flirtaient tous les deux avec quatre-vingts ans.

Je n'ai jamais rencontré de personnage comparable au grand-père... si ce n'est Georges : preuve irréfutable qu'il ne faut pas traiter l'hérédité à la légère.

Le vieil homme incarnait l'esprit de contradiction. Lui parlait-on de ceci, de cela, il semblait approuver... puis, par un biais subtil, développait une argutie qui vous menait aux conclusions inverses. L'objet commencé rond se terminait carré. L'exposé le plus clair devenait sans tarder suspect de confusion. L'idée sensée tournait sottise. Le blanc, sans être noir, cheminait vers le gris. Le postulat d'Euclide attirait des réserves. Le Cid finissait couard, Alceste un peu Tartuffe, et la pauvre Antigone une fille au cœur dur... Il avait inventé le « oui mais » avant l'autre.

Un épisode le décrit tout entier.

Pour l'Exposition universelle de 1937, mes parents m'emmenèrent à la découverte de Paris. Simone et Georges prirent part à la fête.

Pourvus de nos billets de troisième classe, nous organisâmes l'expédition dans les moindres détails : saucisson, poulet froid. Simone tenait même au chaud, dans une serviette, des friands, sorte de petits chaussons d'origine italienne, fourrés de viande hachée. J'en étais très gourmand.

Le grand-père n'avait jamais vu la capitale. Il refusa l'invite eu égard à son âge... et qu'aurait-il gagné à ce Paris surfait ? En tout état de cause, il connaissait bien mieux.

Au retour, sous ses yeux, fut ouvert le coffre aux trésors : prospectus, photos, cartes postales. Rien ne le prit au dépourvu : Chaillot était trop grand, la Seine trop étroite. Lorsque nous en arrivâmes à la tour Eiffel, il se trouva confronté à un problème difficile, quasi cornélien.

Il faut rappeler que, depuis 1889, face au plus haut monument de Paris, la France était (une fois de plus) coupée en deux. On comptait les pour et les contre, sensiblement à parts égales.

Il faut donc se mettre à la place du pépé Jules. Se rallier aux pour ou aux contre, c'était donner raison à quelqu'un et, par là même, perdre l'originalité de son jugement. C'est là qu'il allait administrer la preuve d'un génie soucieux de n'épouser aucune opinion qui ne fût sienne. Dans le silence attentif, il laissa tomber ce mot extraordinaire :

— Ils auraient dû la mettre ailleurs !

Dans sa manière, mon récit est inspiré par le romancier Louis Nucéra, ami de Brassens de la deuxième génération, qui le raconta à peu près tel quel au cours d'une interview télévisée.

Lorsque Georges me rappelait l'anecdote, il ne « l'adornait » pas des mêmes fioritures. Les talents de conteur du prix Interallié sont-ils seuls responsables de cette rhétorique ? Ne cherchons pas à résoudre l'énigme. J'ai choisi le plus joli.

L'aïeul, au demeurant, possédait un sens aigu des nuances. D'un individu dont la bêtise n'était pas tout à fait flagrante, il disait en patois, car il savait la langue :

— *Ei* pas *coun coun coun…* mais *ei coun* quand même !

La formule se passe de traduction ; elle nous fit jubiler. Mais bien peu d'imbéciles fréquentèrent l'impasse et nous ne pûmes, hélas ! la replacer souvent.

*

Privés d'orchestre – la peau crevée de la grosse caisse avait rendu le loueur réticent –, éloignés des plateaux faute de matériel et d'acteurs confirmés, nous nous tournâmes vers des activités nouvelles.

Un projet vit le jour, lentement chemina, finit par nous séduire : nous allions émigrer, fuir un monde trop dur… Les navires en partance en offraient le moyen.

Les dernières expériences ayant englouti notre trésor de guerre, la seule issue résidait dans le passage clandestin. Obstacle surmontable. Les cargos, amarrés le long du bassin neuf, étaient d'accès facile : on y entrait comme dans un moulin. D'ailleurs, en cas de découverte, ultime ressource, on pourrait travailler dans la soute à charbon… Tous les Bibi Fricotin d'alors vous le diront : on recourait fréquemment à ce stratagème dans les bandes dessinées.

Objectif du voyage : les îles Sous-le-Vent.

Bien avant que, par la bouche de Marius, Pagnol ne l'eût rendu célèbre, le nom nous avait plu. Il suscitait le rêve, évoquait le soleil, les plages au sable d'or, des palmiers, des lagons, le corail, la barrière, vahinés aux seins nus…

En ces lieux de cocagne, nos talents conjugués éclairaient l'avenir sous des feux incendiaires. Loin des empêcheurs de composer en rond, dirigeant des formations d'élite, nous écririons des musiques immortelles. Notre gloire s'imposant à un monde étonné aurait tôt fait de traverser les mers.

En dépit de recherches minutieuses dans nos atlas scolaires, les îles Sous-le-Vent demeuraient introuvables. Elles existaient pourtant, nous en aurions juré. Picador, le professeur de géographie, en avait fait mention. Prompt à la férule, il n'était pas homme à lancer des balivernes. Son cours, d'un attrait languissant, n'avait que bien peu requis notre attention. Aux îles Sous-le-Vent, nous dressâmes l'oreille, mais Picador escamota la suite... Il n'en dit pas plus long.

Cette dissimulation officielle en décuplait les charmes. Il devait bien se trouver des causes mystérieuses, quelque raison d'État, pour tenir sous le manteau ce paradis terrestre.

L'enquête sur le port fut aussi décevante. Les pinardiers, les bananiers, les bateaux de bois exotiques ne portent pas de plaque accrochée, comme sur les wagons de chemin de fer, avec le nom de la destination. Étrange anomalie. Il y avait bien le *Joseph-le-Borgne*: il allait à Oran. L'*Alexandre-Schiaffino* cinglait vers le Maroc. On ne pouvait compter sur eux pour nous mettre sur la bonne voie. Les marins étrangers ne savaient rien de plus, ajoutant au mystère une épaisseur de mauvais augure.

Depuis Corneille, c'est bien connu, les âmes bien nées ne se laissent pas plus abattre par les provocations du sort qu'elles ne se laissent berner par les exégètes du Chaix. Foin des discours futiles ; nous allions embarquer sur le premier rafiot venu, on verrait clair un peu plus loin.

Quant à nos besoins matériels, hormis un saucisson, deux ou trois camemberts et un peu de monnaie, nous étions fort capables d'anticiper sur un général de brigade (à titre temporaire) en méprisant l'intendance.

Patatras ! Le dimanche prévu pour notre grand départ, nous fûmes consignés. Deux heures pour chacun. Motif du châtiment : nous avions confondu les affluents du Rhône.

C'étaient trop de malheurs. La malle des Indes se refusait à nous. Adieu les vahinés !...

*

Jamais à court d'idées, on chercha le salut dans le parachutisme.

Derrière la maison familiale de Georges, côté rue Arago, s'étendait un terrain inculte et bosselé. Douze pieds de tomates flanqués d'un rang d'oignons justifiaient à peine qu'on l'appelât « jardin ». Là, tout près du figuier, un hangar abritait les outils du maçon : planches, tréteaux, étais. On y trouvait aussi diverses fournitures et différents objets.

La découverte du parapluie d'escouade, destiné à prémunir le grand-père contre la rage du soleil, décida d'une éphémère vocation... On allait s'en servir comme d'un parachute.

Le toit de l'appentis culminait à trois mètres, ce qui était suffisant pour nous casser le cou. Par bonheur, les Parques tissaient encore notre toile. Elles épargnèrent les disciples d'Icare. Le premier saut suffit. On soigna une entorse et on dissimula le parapluie cassé.

Sans être Jérémie s'imposa l'évidence : l'azur nous repoussait.

La logique voulait qu'on recherchât l'extrême... l'extrême allait sous terre. Ainsi se décida une autre conversion.

*

Appuyés sur d'inconsistants ragots, nous fabriquâmes une légende : le fond du terrain vague celait un souterrain.

Dès la cause entendue, nos esprits battirent la campagne. S'aidant du pic et de la pioche, on progressait vers de fabuleuses découvertes. On allait trouver là des trésors enfouis... des cavernes d'Ali Baba... des perles de Golconde. Les pirates barbaresques avaient choisi ces lieux pour y dissimuler le produit des pillages. Les frères de la Côte avaient caché par là des coffres rebondis de doublons espagnols. Notre rêve éveillé puisait son contenu dans le film d'aventures.

Avec un délicieux frisson, on envisageait de macabres rencontres, un chevalier gisant, vêtu de son armure, restes de nonnes et de leurs nouveau-nés... Bref, nous étions nourris de contes médiévaux, où les châteaux communiquent avec les couvents par de sombres galeries. Pour un peu, nous eussions mis la main sur le crâne de Racine... On ignorait qu'il existait déjà, confié à la garde exclusive du sacristain de Saint-Sulpice.

Instruits néanmoins par nos récents déboires, nous supputions l'échec. Sans nous prendre de court, il devait déboucher sur un autre programme. Soit creuser une pièce de dimensions convenables et, pourquoi pas, plusieurs. Aménagées, décorées, pourvues d'un mobilier, on y vivrait tranquilles. Nous y ferions, bien sûr, de la musique. On pourrait même y entraîner des filles... L'entrée, dissimulée avec soin, n'alerterait personne ; nous seuls posséderions le sésame.

Il restait à régler un problème important : comment y verrait-on ?

Il était certes possible de chaparder du courant électrique – solution délicate. L'usage d'une prise installée dans l'immeuble nous eût vite démasqués. Un branchement clandestin ne nous rassurait pas. On aurait pris le risque de s'électrocuter. Enfin, nous ne voulions dépendre de personne. Tout faire par nous-mêmes : telle était la devise.

Devant ce cas épineux, l'imagination de Georges fit merveille. L'invention de la poudre passée aux oubliettes, il trouva dix fois mieux. Nous disposions de bicyclettes. En supprimant les roues, il suffisait d'adapter une dynamo au pédalier : on aurait de la lumière à foison. Chacun pédalerait à tour de rôle.

Georges développa la thèse avec un fol enthousiasme. Je fus plus réservé. Connaissant bien mon homme, je craignais de fabriquer l'électricité plus souvent qu'à mon tour.

Crainte injustifiée ; notre existence de troglodytes demeura des plus brèves. On creusa un peu, au prix de nombreuses ampoules et, assez courbatus, nous remontâmes au pigeonnier. La terre était trop basse. Autant vivre à l'air libre.

Restait à exploiter cette heureuse disposition. Nous n'y faillîmes point ; les riverains du château d'eau n'allaient pas tarder à s'en apercevoir.

*

Vingt ans après la guerre, l'auto prenait des ailes. L'heure était aux Grands Prix.

Sommer, Nuvolari et autres Étancelin cumulaient les exploits. Les gazettes de tous bords célébraient leurs victoires. *Le Petit Provençal, le Méridional, le Bulletin de Mèze* tout comme *Paris-Soir* faisaient leurs titres gras des circuits prestigieux : Grand Prix de Monaco, Monza et Montlhéry, le Comminges, Albi, j'en passe... Ces noms nous fascinaient.

L'automobile, en son adolescence, marquait les imaginations d'un sceau indélébile, empreinte qui, plus tard, devait s'épanouir en délire motorisé et provoquer d'effroyables ravages.

Il faut le dire : en ce temps-là, on mourait dans son lit... de fièvre quarte, d'humeur maligne, de *vomito negro* ou simplement, comme grand-mère, d'un rhume mal soigné. On eût porté peu de crédit aux prédictions funestes concernant, de nos jours, le trépas quotidien.

L'engouement grandissant pour le cheval-vapeur amorçait une furieuse hécatombe. La camarde y gagna ses lettres de violence.

On mourut sans sursis... sous les roues d'un camion, empalé sur la proue d'un capot agressif, quelquefois brûlé vif, pendu le plus souvent aux branches d'un platane. Les dieux voulaient du sang ; l'auto leur en versa plus qu'ils n'en espéraient. On eut beau frapper des médailles à l'effigie de saint Christophe, le saint ne broncha plus ; il avait trop à faire.

Les monstres grondants de l'époque s'apparentaient encore aux voitures à pétrole. Celui que possédait mon père – orgueil de la famille – « fringuait » de cinq chevaux. Cette Citroën, baptisée « Trèfle » par le constructeur, ne dépassait guère soixante kilomètres à l'heure. Nous ne lui prêtâmes jamais d'intention homicide et nous eûmes raison. Durant sa paisible carrière, elle devait nous garder de toute émotion forte.

Ce bel objet, pourtant, attirait mon envie. Brassens m'encourageait. Que n'eussions-nous donné pour courir les chemins, les mains sur le volant !

L'unique tentative que nous fîmes pour tourner la manivelle, en l'absence des parents, se solda par un saut de chèvre, une aile abîmée... et une raclée mémorable.

Au terme de cette méchante affaire, Georges, en qualité de voisin, bénéficia d'une immunité providentielle. Il n'en demeura pas moins « tricard » de la rue Carraussane durant une bonne quinzaine.

*

Pour satisfaire impunément au goût du jour, restait à nous orienter vers des bolides plus modestes, mieux adaptés à nos capacités. Dans cette perspective, Georges inventa le chariot.

On choisit une planche. On cloua un essieu équipé aux deux bouts d'un roulement à billes : ce dispositif faisait office de train arrière. Pour la direction, un bout de bois plus long, percé en son milieu, pivotait sur son axe à l'avant du système. Le roulement central assurait sur trois roues un équilibre honnête.

Une conception plus élaborée plaidait pour quatre roues. On ne put la retenir car nous avions fait école ;

tous les garnements du quartier postulaient pour la planche à roulettes… Les garages de la ville mis en coupe réglée, la pièce se fit rare.

Le règlement voulait que l'engin eût un nom : je choisis « Delahaye ». Georges resta fidèle à son sang italien. C'est « Alfa Romeo » qui retint son suffrage.

On passa aux essais, mais, faute de moteur, il fallait une pente… Tout l'environ fut prospecté : la rue de l'Hospice se prêtait mal aux pointes de vitesse ; le revêtement goudronné de l'époque n'avait rien de commun avec l'asphalte d'aujourd'hui. On ignorait alors les monstres silencieux, distillant l'enrobé lisse comme un miroir. Deux ou trois Maghrébins, équipés d'une pelle et d'un petit râteau, faisaient ce qu'ils pouvaient. Les trous et les bosses qui résultaient de ces labeurs sommaires eurent vite raison de nos bandages.

La rue Arago ne nous offrait pas mieux. Seule une piste convenait : le trottoir cimenté longeant le château d'eau.

Là commença une terrible épreuve pour ceux qui habitaient aux abords du circuit… On dévalait la rue dans un bruit de tonnerre. Les pauvres riverains devaient se calfeutrer pour retrouver un relatif silence, clore portes et volets, s'étouffant à moitié dans des pièces trop chaudes. Ils ne trouvaient un instant de répit qu'aux heures dévolues à nos travaux scolaires et souvent, par bonheur, les dimanches et jeudis quand nous étions collés. Trottoir frappé d'interdit, la voie devenait infernale, résonnant de fracas, grondant l'apocalypse.

Loin d'applaudir à notre virtuosité, ces privilégiés nous jetaient l'anathème. On alla quelquefois jusqu'à nous insulter. Il y eut même des plaintes.

Seul l'accident pouvait mettre un terme à nos prouesses. Un beau matin, il arriva.

Georges, lancé comme un boulet sur son chariot roulant, abordait une courbe. La visibilité réduite à cet endroit, il aperçut trop tard un insouciant unijambiste. Le ciel en est témoin, rien ne put l'arrêter ; l'infirme prit son vol. Il retomba plus loin. Seul, un dieu bienveillant dut amortir la chute... la béquille en morceaux, mais pas le moindre mal à sa jambe valide.

Nous fûmes rassurés ; le malheureux avait été bien près de finir cul-de-jatte. L'affaire fit grand bruit. La famille, alertée, confisqua nos engins. Menacés des gendarmes, on promit tout ce qu'on voulait.

L'aventure fit néanmoins un satisfait : Firmin, gardien du château d'eau. Il pouvait retrouver les douceurs de la sieste.

7

Le long de cette grève où le sable est si fin

Il y a peu de temps, le sable fin de la *Supplique* recelait plus de mégots, tessons de bouteilles, boîtes de conserve rouillées – petits pois Cassegrain, sardines Chancerelle – que la décharge publique la mieux pourvue.

Le cauchemar régresse et j'en suis bien content. Il reste que Georges n'avait pas dû y mettre les pieds depuis un sacré moment, lorsque lui vint l'idée de passer par la barque fatale. C'est dans le sable de nos quinze ans qu'il creusa son petit mausolée.

La lagune sans fin partait du Lazaret. Au loin se profilait la montagne d'Agde et, par temps clair, on devinait le Canigou. On s'y rendait à pied par la route côtière ; bien peu la fréquentaient. Nous nagions au plus près, vers le seul café qui avait eu l'audace de s'implanter en ces lieux éloignés et portait, j'imagine, le nom de son propriétaire : Ebenezer.

Jouissant d'une remarquable tranquillité, ce brave homme, c'est probable, n'y fit jamais fortune. Son café n'existe plus. Il a dû capituler devant la horde sauvage des congés payés.

En ce temps béni, le sable était à nous et la plage déserte.

Avec Georges, nous n'étions que quelques dizaines, amoureux de cette solitude, de l'espace infini, des « grands roseaux mouillés ». Quelques arpents de mer nous comblaient de bonheur, sans disputer aux mouettes la frange du ressac ondulant sur des lieues. Les pêcheurs à la traîne faisaient tâche insolite ; quelques groupes subsistaient chichement grâce à ce dur labeur ; des familles nombreuses – il fallait plus de quatre bras pour haler le lourd filet. Ces enragés survivaient en des abris précaires : douze planches, des roseaux, de la toile tendue pour freiner le mistral.

Bien avant le lever du soleil, on tirait sur la corde, rivalisant de hâte, car un poisson enfui, c'était du pain perdu.

Dans les années 50, on en trouvait encore ; quelque ancien boucané à son feu de sarment, inséparable de la dune. Composant avec l'envahisseur, il n'avait pu se résoudre à l'abandon… laisser en friche son lopin d'eau salée. On pense à Hemingway, *le Vieil Homme et la Mer.*

*

Je ne vous conterai pas Sète. De plus diserts que moi l'ont déjà fait. Je vais, je viens, au gré du souvenir, là gravissant le mont, ici courant les quais.

« Venise languedocienne »… le mot est trop pompeux ; pas de confrontation possible entre la banalité du Palais consulaire et la splendeur des Doges. Et pourtant, que de charme en ces vieilles maisons ; sur les quais animés, ces barques aux noms naïfs !

Je parcours de nouveau la Grande-Rue haute ; elle n'a pas trop changé. Il y a toujours du linge étendu aux fenêtres. Tous pavillons dehors, on croirait un vaisseau paré pour la revue.

Avant, c'était le coin des Italiens ; gosses dans le ruisseau, bruissant de mille cris. Les matrones fessues penchées sur leur balcon piaillaient à qui mieux mieux avec beaucoup de gestes. Ce petit monde s'agitait, chantait, se chamaillait. On vivait le jour même. Demain on verrait bien. Ils se voulaient plus français que nature – chacun séparément. Le voisin, sale Napolitain, ne valait pas tripette.

Georges lançait en riant cette blague classique :

— É ne t'amouse pas avec les petits des gouap's... amouse-toi avec les petits des Franchèses comme toi !

Quelques pas en dessous, c'est la Grande-Rue basse et l'église Saint-Louis. Elle me parle de notre communion solennelle, en 1933.

Avec Georges, encadrés de nos mères respectives, nous y subîmes l'épreuve des vêpres, un cilice mental. Nous soupirions d'ennui, le palais embué de desserts succulents abandonnés à la voracité de nos invités, les convives.

Ceux-ci n'avaient pas jugé décent de nous accompagner, partant du principe qu'une digestion laborieuse risquait de perturber le recueillement des novices. Quant à nos pères, ils n'avaient pas trop insisté pour nous assister dans le renouvellement des promesses à Marie. Ils se conduisirent en hôtes prévenants, soutinrent le moral, donnèrent l'accolade au flacon d'armagnac.

Camail violet, l'évêque, entre autres exhortations, pouvait – cause toujours – nous suggérer le jeûne sur fond de pénitence… A en croire son tour de bedaine, il ne devait – lui aussi – opposer qu'une faible résistance aux tentations d'un Satan gastronome.

A la vérité, l'essentiel de la cérémonie s'était déroulé le matin au collège.

La salle des fêtes, transformée en chapelle, recevait tout le ban : les dames enrubannées, chapeautées, parées comme des châsses, les messieurs compassés et souffrant de leurs cors dans des souliers trop neufs.

Notre propre équipage ne fut pas laissé au hasard : ainsi l'exigeait le renom de l'établissement. On imposa à la bourse paternelle l'achat d'une veste croisée bleu marine et d'un pantalon de flanelle blanche. Au prix du vêtement, il fallait aimer Dieu et son commanditaire, monsieur le principal, pour ne pas grimacer… En revanche, et dans un spartiate esprit militaire, on ne nous confia qu'un cierge à quatre sous… au grand soulagement des familles.

Songez ! les indépendants, embrigadés dans les diverses paroisses, devaient sacrifier à la coutume : promener avec un balthazar de deux mètres les angoisses d'un équilibre précaire. Pis que le déshonneur, la ruine menaçait si l'étourdi cassait sa perche… Elle coûtait le Pérou.

Il faut le préciser : le poids, la dimension de la cire, ses sculptures ne défendaient pas seulement le rang social du porteur, mais témoignaient aussi la ferveur de sa foi.

Appuyé sur ce postulat, l'état de grâce, en quelque sorte, se trouvait proportionné à l'opulence de la bougie.

Il ne faut peut-être pas chercher ailleurs le peu de conviction qui nous anima plus tard, Georges et moi, dans la quête du spirituel. Saint Louis, patron de Sète en 1933 (c'est le même aujourd'hui), se vengea sans nul doute de ce cierge au rabais.

*

Tout au bout de la rue se trouvait le Souras ; le haut et le bas séparés par une falaise de deux cents pieds. En des temps plus anciens, on en avait extrait la pierre pour construire le môle ; de là cette cassure en coup de sabre.

La voie du haut longeait une murette protégeant du vertige... murette bienvenue ; les chutes accidentelles eussent vite décimé le quartier.

On racontait pourtant l'histoire de quelques volontaires... des désespérés. Ils avaient tenté le grand plongeon sans aucune chance de remonter, plus tard, en expliquer la cause. Fort heureusement, ces cas restaient très rares. Les scandales ne troublaient pas la statistique, le drame passionnel suivait son train-train coutumier et l'on ne comptait pas moins de cocus. On ne se tuait pas alors pour un oui, pour un non, comme aujourd'hui. On ne se suicidait en toute extrémité qu'au terme de raisons longuement réfléchies.

Chacun des postulants marquait son millésime. On les citait comme les grandes crues sur la pile des ponts : la malheureuse de 1922, l'infortuné de 1934.

La passerelle qui enjambe la tranchée entre le cimetière et le fort Richelieu avait, elle aussi, suscité quelques vocations, tenté des candidats de mauvais goût ; cette fosse sinistre voyait peu de soleil. De plus, en tombant sur la route, l'acrobate, pas tout à fait occis, courait le risque d'être écrasé par les automobiles.

Au moins, du Souras haut, si l'on ne mourait pas dans la joie, on avait en partant une vue superbe sur la rade… un avant-goût du ciel.

*

Le bas de cet à-pic nous offrait un visage un peu moins inquiétant.

Sur un terrain inégal, malaisé, étaient plantées des cabanes de bric et de broc ; habitats précaires d'ouvriers pêcheurs. Des filets y séchaient que ravaudaient les femmes. Les gosses jouaient aux billes, à la marelle, improvisaient des parties de football – la boîte de conserve tenant lieu de ballon –, se poursuivaient, bruyants comme volée de moineaux querelleurs. Les ruelles sentaient le poisson, la saumure. Étranges et merveilleux parfums… ils sont restés en moi comme des fleurs séchées dans les pages d'un livre.

Vers les dernières maisons habitait la cousine de Georges, à peu près de notre âge. Sa maman tenait une petite épicerie. Mauricette, la fille, je la trouvais jolie. Dans les coins sombres, Georges lui avait touché sinon le sein, du moins une rondeur naissante, il m'en avait fait la confidence.

Par saine émulation, je voulus l'imiter en croyant à ma chance. Cette chance, je ne devais jamais la saisir ; surveillée comme les joyaux de la Couronne, Mauricette resta inaccessible. Je n'eus pas à rougir de mes culottes courtes.

J'ai remonté plus loin le quai de la Civette. Il a été débaptisé au profit de la Résistance. Le quai de Bosc lui fait suite. Il s'appelle maintenant De-Lattre-de-Tassigny. Pour ne pas être en reste sur Gigean, Balaruc et cent autres villages, les Dauphins ont cédé à l'appel du clairon...

La phonétique de la Civette contient pourtant une musique plus roborative que le lugubre *Chant des partisans*. Quant à Louis-Augustin Bosc, pacifique botaniste, s'il ne pouvait prétendre patronner une artère jusqu'à la fin des temps, il méritait à mon sens une plus longue carrière... et les Sétois en avaient l'habitude. Ils n'auront en revanche guère le temps de s'accoutumer au maréchal de France. Celui-ci devra quelque jour faire place à un autre vaillant général, lorsqu'on taillera en pièces l'Armée rouge ou les hordes chinoises sur la Robine ou le Vidourle[1].

Enfin, il ne faut pas le cacher, le foisonnement historique des culottes de peau a fini par banaliser la fonction.

*

Sur à peu près trois cents mètres, le quai de la Civette s'étire jusqu'au pont de la Savonnerie. Il délimite un morceau de canal où se déroulaient les plus grandes festivités locales : les joutes.

On n'y voyait alors que deux gabares destinées, vu l'étroitesse du quai, à recevoir les chaises des

1. Petits cours d'eau côtiers. L'un coule près de Narbonne, l'autre vers Montpellier. Neuf mois sur douze, on peut les traverser à pied sec.

spectateurs payants. L'une d'elles, équipée d'un dais cramoisi et de pompons dorés, protégeait monsieur le maire et les officiels des ardeurs de Phébus. Peu décoratives, on les a exilées… et avec elles les barques des jouteurs, la rouge et la bleue, ces destriers marins frappés sur le bordé aux armes de la ville.

J'encourageais la « Bleue » sans spéculer sur la valeur des champions occupant l'échelle de quintaine… affaire de couleur, allez savoir pourquoi. Je faisais corps avec les huit rameurs, l'homme de barre et les deux croque-notes : le tambour, le hautbois.

Il y avait dans la mélopée en mineur, tantôt grave, tantôt aiguë, toute la fatalité d'un combat sans merci. Plus qu'elle ne glorifiait le bourreau, elle pleurait le vaincu, ce qui me fascinait. Les musiciens flottants alignaient bien chacun soixante-dix bougies. Qui a pris la relève ? A Sète, comme ailleurs, qui sait encore l'air des joutes ? Il trotte dans ma tête. Il nous avait marqués. Georges et moi le chantions, impasse Florimont, en mémoire de Sète.

Éloigné des distractions de masse, Jo n'était pas friand de ces glorieux tournois. Il préférait m'entraîner à la baignade sur des quais plus tranquilles. Les deux ponts [illegible] l'étang avaient sa préférence. On piquait des « cabus » (plongeons) depuis les structures métalliques. Toujours plus haut, nous montions parfois jusqu'à la niche du grutier commandant les manœuvres de levage, pour nous jeter dans une eau infestée de méduses… près de sept à huit mètres plus bas.

Georges feignait la désinvolture, l'audace détendue. Pour ma part, je ne fus pas trop mécontent de voir des rapporteurs alerter nos parents, et plutôt soulagé de le laisser tout seul jouer les funambules.

*

A quelques pas de là se trouvait la Marine, placette entre trois murs, à la hauteur du quai. Deux escaliers humides en permettaient l'accès depuis la Grande-Rue, et des étals de bois formaient quelques travées.

Tous les jours, vers quatre heures, les « Moures de porc » entraient dans le bassin. Ces bateaux, plus petits que les thoniers, constituaient l'essentiel de la flottille sétoise. Présentes à l'accostage, les épouses et les mères des marins compagnons emplissaient leurs paniers : la part de l'équipage[1]. Le gros de la pêche, réservé au patron, avait déjà gagné l'entrepôt du mareyeur.

Étalant leurs poissons, les femmes venaient glaner dans ce minuscule marché un complément de salaire. C'était un vrai spectacle... Dans les cris, les appels, elles tentaient de fixer le chaland, vantaient la qualité, la fraîcheur demeurant hors de cause.

— Viens, ma belle ! Viens, ma quique !

— *E lou beyrat, lou beyrat ! lous poulits régagneous !* (« Les maquereaux, les maquereaux ! les jolis petits loups ! »)

Il fallait marchander en respectant les règles, des limites décentes, rabattre un sou ou deux, ne pas aller trop loin. Promptes à se déchaîner, elles voyaient une insulte dans les offres trop basses. Malheur à l'étranger qui ignorait le jeu. Sous les noms d'oiseaux et les quolibets de la coterie, il avait tôt fait de prendre la

1. L'équivalent de la « godaille » dans le Finistère sud. On en trouve encore des survivances, en particulier à Guilvinec.

poudre d'escampette, heureux si quelque déchet ne l'accompagnait dans sa fuite.

De part et d'autre, un bar : La Marine et La Marseillaise.

Georges y venait souvent. On dégustait tous deux, sur les tables de bois, moules, palourdes, oursins, les bijus[1], la tielle[2]. Puis arrivait le « pistou », une préparation à réveiller un mort : encornets crus, coupés en petits dés. On trempait dans la sauce, à même le mortier, huile d'olive, sel, piment rouge broyé. Cela donnait très soif.

Le petit vin blanc des salins de Villeroy venait fort à propos juguler l'incendie. Pour vingt sous, il désaltérait sans danger.

Des négociants sans vergogne n'avaient pas encore empanaché d'un blason ridicule ce petit cru sans prétention. Bouché, étiqueté, paré d'un flatteur habillage, ils l'appellent « Listel »... et le prix lui aussi joue de la particule.

La Marseillaise a disparu. On a modernisé la Marine. Le Formica et le néon remplacent l'enseigne délavée. Notre folklore de banlieue n'était plus à la hauteur des ambitions touristiques. Paris a pris les choses en main. On emprunte aux Bretons des lettres de noblesse : Le Surcouf, Le Corsaire, qui sonnent beaucoup mieux aux oreilles bataves, au goût américain. Le port languedocien, autrefois bon enfant, a pris un air guerrier. Cela vous sent la poudre, le canon, la mitraille.

---

1. A Marseille, on dit les « violets ».
2. Spécialité culinaire locale : sorte de tarte fourrée avec du poulpe, de la tomate et beaucoup de piment rouge.

Ce prestige usurpé ferait hurler Fernand, et je crois qu'aujourd'hui il doit tourmenter Georges.

*

Cela va de soi, on pêchait à Sète le meilleur poisson de la côte... Affaire de terroir.

C'était l'avis de Georges, qu'on ne peut pas taxer d'excessif chauvinisme. La Méditerranée garde le privilège de produire un poisson plus « goûteux » que les autres, mais c'est celui de Sète qui emporte le pompon. Je veux dire emportait, si l'on veut respecter l'évolution des choses. Car, ainsi que le crime – sauf en des cas heureux –, la pêche ne paie plus. Mais en ces temps bénis, la mer, prodigue de trésors, se montrait généreuse aux pêcheurs d'occasion. Aussi arrivait-il qu'on se servît soi-même.

Mon père invitait l'oncle Henri, personnage d'un grand pittoresque. Sa faconde nous ravissait. Il se parlait tout seul, se donnait des conseils, invectivait le ciel. Son mauvais caractère touchait à la légende. Faute d'un sort hostile, ou privé de victime pour lâcher ses humeurs, il se querellait lui-même. Sans égaler les prouesses du grand-père Brassens, il était lui aussi un contradicteur né.

Ce terrien résidait du côté de Montauban. Il dirigeait à Caussade une petite fabrique de chapeaux de paille, surtout des canotiers. La mode déclinante de ce couvre-chef lui laissait des loisirs. Il pêchait en eau douce en très fin technicien, mais ne connaissait rien à la pratique en mer.

Installés côte à côte, sur les rochers de la Tourette, on vivait les journées les plus désopilantes. Il accrochait partout… changeait les hameçons… trouvait le fil trop gros… le bouchon trop petit. Chatouilleux comme un paon au chapitre de ses capacités, n'acceptant nul avis, il donnait la leçon. Pour finir la soirée, il commentait les coups, dénonçait nos erreurs, rappelait ses exploits : la grosse tanche de Garonne et son brochet du Lot. Si la friture ne lui devait pas grand-chose, sa vision de stratège, ses conseils pertinents avaient fait beaucoup plus pour emplir le panier.

Tante Justine, son épouse, le « badait[1] » comme un Jésus. Il lui eût fait « baptiser une tuile » ; ainsi dit-on dans le Sud-Ouest.

Condamnant sans appel l'insipidité d'une viande sans persillade, il contraignait ma tante à traverser le village pour un bouquet garni. Prise de court, Justine recourait parfois sur la pointe des pieds à un fol expédient, parsemant la grillade d'un hachis de poireau. Peur d'être démasquée, elle n'en menait pas large.

Comédien consommé, il forçait dans l'éclat. Il épousait son rôle jusqu'aux extrémités :

— Je vais me suicider !…

— *Fa cés pas, Enric !* (« Ne le fais pas, Henri ! »), sanglotait la pauvrette.

Quarante ans de mariage n'avaient pas suffi à la sainte femme pour oser exercer le moindre sens critique. On trouvait alors pas mal d'épouses buvant, comme Justine, aux sources du respect. C'était une belle génération.

L'oncle Henri ne fut pas désavoué par Georges. Il devait inspirer un de ses personnages. On

1. Le verbe patois *badar*, francisé en « bader », traduit une sorte d'admiration béate.

retrouve ses traits dans Lalie Kakamou, ce chef-d'œuvre inédit.

*

Enfin venait septembre... La montée des daurades...

Ce beau poisson quittait les fonds marins pour des eaux plus tranquilles, passait par le canal pour frayer dans l'étang.

Tout ce que la cité comptait comme porteurs de gaules se donnait rendez-vous au quai des entrepôts. Munis d'un matériel rustique, un bambou de six mètres, tout d'une pièce, un cordonnet de chanvre épais d'un demi-doigt – le Nylon balbutiant n'inspirait pas confiance –, on se montait solide. Certains, plus radicaux, ne juraient que par le fil de laiton.

L'un d'eux toucha un jour, du bout de son engin, la ligne à basse tension. Le malheureux en tomba tout raide. Je ne pense pas qu'il ait cherché à inventer la pêche électrique, se trompant de gibier, mais il dut encaisser une rude secousse. On eut beaucoup de mal à le ranimer.

Rangés au coude à coude, les cannes en batterie, les pêcheurs patientaient. Quand d'aventure un veinard touchait la grosse pièce, c'était un beau tollé...

— *Escampa ié ! escampa ié !* (« Échappe-là ! échappe-là ! »)

Tout le quai trépignait dans un chœur de jaloux.

Ainsi vivait-on. « Près de ce toit penché », palpitant pour le Maître.

Les dieux étaient cléments à des gens sans malice. En un ciel toujours bleu, le mistral balayait nuages et soucis.

8

C'étaient pas des anges non plus...

Le collège Paul-Valéry s'appelait alors « le collège », tout court.

Ce fait, anodin en apparence, révèle la complexité du caractère méditerranéen. Prompt à l'enthousiasme, le Sétois ne s'en laisse pas conter dès qu'il s'agit de consacrer des valeurs historiques. Sète n'a pas le comportement futile de Paris, qui consomme du grand homme, en veux-tu en voilà... Lacan, Lévy au pinacle un moment, iront demain aux oubliettes. L'Occitan circonspect veut savoir où il va. Avec sagesse, il a attendu l'avis autorisé, l'épée et le bicorne. Ce n'est qu'au lendemain de la marche funèbre et du deuil national qu'il accorda au « bon Maître » l'honneur d'un bâtiment public.

Valéry, « ce voisin du dessus », ainsi que disait Georges en parlant de Pascal, s'en alla dans l'humour. L'affaire fut cocasse ; elle fit rire le port.

L'hommage solennel rassemblait tout le ban, même l'arrière-ban : ministres en exercice, sous-préfets chamarrés, généraux en tenue. Les organisateurs admirent sans procès qu'aux charmes de l'esprit excellaient les notables. Pour l'effort musculaire, ils émirent un doute et jugèrent inhumain d'imposer aux bedaines tricolores le raidillon qui mène au cimetière. C'est donc au coin du môle qu'on dressa les tréteaux.

Les choses allaient leur train : la fanfare, la clique... Un bel enterrement. A midi, on pourrait arroser le défunt. Mais Neptune veillait. Il était, par hasard, dans un jour de colère, il faisait le gros dos.

Au milieu des discours, une lame insolente, s'écrasant sur le roc, balaya l'assemblée. Douché de pied en cap, l'officiel ruisselait comme une serpillière.

Fuite éperdue, débandade. On planta là les chevaux impavides, la charrette à cordons surmontée de plumets et le poète, seul comme il avait vécu.

C'est un jour important pour la métaphysique. Je ne crois plus, depuis, que l'on meurt tout de bon. On garde un mot à dire. Il reste le loisir de se distraire un peu.

Avec un dieu complice, souriant dans sa barbe, Paul Ambroise Toussaint Jules Valéry a écrit en partant sa page la plus drôle.

*

Valéry et Brassens : ces deux gloires de Sète semblent aux antipodes – Valéry, fort en thème, jonglait avec les maths. Georges s'ennuyait ferme sur les bancs de huitième.

C'est chez monsieur Laroze que je vins le rejoindre. Proche de la retraite, ce brave homme traînait avec sa couperose le désenchantement. Il en avait trop vu.

Un an plus tard, en classe de septième, c'est monsieur Vésinet qui fut notre mentor. Un héros de la guerre ; on l'avait deviné à sa jambe de bois.

Avec lui, on ne bronchait pas ; les punitions tombaient comme les voltigeurs au soir de Gravelotte. Nous redoutions la lourde règle d'ébène, dont il jouait en virtuose. Partant du principe qu'un centimètre de tissu protège la boîte crânienne, sans compter l'épaisseur des cheveux, il cognait sans inquiétude d'ordre existentiel.

Les maîtres de ce temps-là n'étaient pas condamnés pour la moindre calotte, pas convaincus de cruauté mentale pour une réprimande. On ne les citait pas à comparaître devant un conseil de discipline pour quelques coups de pied au cul. La conscience professionnelle de nos éducateurs restait un garde-fou suffisant. Par expérience, ils savaient doser le châtiment corporel comme un curé dose la pénitence...

Ces taloches expiatoires, si elles ne provoquaient pas le repentir prévu au règlement, nous poussaient à une élémentaire sagesse. On ne s'en vantait pas. On souffrait en silence. La moindre plainte attisant le courroux paternel, nous eussions encaissé le double à la maison. Quel que fût le motif, le maître avait raison.

On peut toujours ergoter sur la vertu de ces principes éducatifs. Georges a dû reconnaître qu'ils furent efficaces, à son corps défendant. Je leur dois pour ma part les approximations qui me servent aujourd'hui : la règle de trois, l'accord du participe et la preuve par neuf. Grâce aux coups de bâton, j'évite de justesse les fautes d'orthographe.

Monsieur Vésinet attachait un grand prix à son cours de morale. J'en ai retenu l'essentiel : « Ne fais pas aux autres ce que tu ne voudrais pas qu'on te fît. »

Il y apportait des additifs inattendus, soutirés au tonneau du système chrétien : « Fais aux autres ce que tu voudrais qu'on te fît. »

Fervent disciple du petit père Combes, apôtre d'une loi qui devait séparer l'Église de l'État, il pratiquait par là un œcuménisme étonnant des maximes...

Le temps qui passe n'est pas toujours symbole de malheur ; l'avance inexorable de la grande aiguille coïncidait par chance avec l'heure de la récréation.

Que de fois la sonnerie désespérément attendue nous a sauvés du naufrage, comme le gong sauve en fin de round le boxeur à la dérive ! Ce carillon grinçant, dépourvu d'harmonie, chatouillait nos tympans comme une musique céleste.

Telle une meute de chiots, nous nous répandions à grand fracas dans la cour du parloir, oubliant pour un moment le sadisme raffiné de Pythagore. Les jeux s'organisaient : le football, la cachette, une pelote basque aux règles déroutantes : la fenêtre aux volets clos nous servait de fronton, les angles provoquant des rebonds diaboliques. Georges excellait à ces jeux. On se battait aussi comme des coquillards.

Tous les ans, en juillet, vers la fin du martyre, revenait la grande affaire locale : nous jouions aux « clos ». On baptisait ainsi les noyaux d'abricots.

La passion des flambeurs reflétait en bourgeons le clivage social : les malins, les couillons. On devinait en herbe les futurs chefs d'entreprise ; ils se faisaient banquiers. Puis la troupe anonyme ; joueurs impénitents confiant leur fortune au hasard capricieux.

Le tenancier investissait peu dans la boutique : une boîte à chaussures vide, percée de trous de différentes tailles. Il s'agissait pour le client, placé à distance réglementaire, de bien viser, d'avoir une main sûre, de bien lancer son « clos ». Le trou réussi vous payait en rapport avec sa dimension : deux pour un, cinq pour un. On voyait des chanceux faire sauter la banque et la grande cohorte des éternels perdants. Les tricheurs exclus de ces casinos rustiques ne trouvaient plus audience que chez des croupiers douteux… sous bonnes garanties.

Le matin, en partant au collège, le sac de « clos » cohabitait dans le cartable avec l'atlas et le précis d'arithmétique.

La fièvre du jeu, ça va de soi, entraînait de fortes pointes dans la consommation saisonnière de l'abricot. Les gros malchanceux devaient sans cesse reconstituer leur masse… pour la plus grande satisfaction des mamans. Elles trouvaient là une occasion d'applaudir au bon appétit de leur progéniture. Pour des raisons différentes, les fruitiers de la ville participaient à l'euphorie.

Cette boulimie végétarienne n'allait pas sans inconvénients, surtout lorsque le fruit n'était pas assez mûr. Georges y frisa le drame… encore heureux que l'incident survînt pendant l'inquisition d'un interrogatoire.

Tout bien pesé, le supplicié s'en tira à bon compte.

Le « Costaud » veillait sur notre petit monde. On l'appelait ainsi par antiphrase.

De nature chétive – l'épaisseur d'un anchois étiré –, on l'eût volontiers confondu avec un ectoplasme. Il ne fallait pourtant pas se fier aux apparences. On craignait ses fureurs de cerbère intraitable. Il avait passé l'âge des droits à la retraite depuis au moins l'enfance de Mathusalem, mais s'accrochait à sa loge comme une « arapette[1] » se colle à son rocher.

Pour cet ancien combattant, à la boutonnière fleurie de plusieurs liserés, tout abandon de poste méritait le falot.

Concierge du collège, il gardait la haute main sur tout ce qui entrait, sur tout ce qui sortait. Préposé aux poussières, au petit entretien, il s'était fabriqué une idée exhaustive de ses emplois obscurs. Les épaules voûtées sous le poids de ses charges, il promenait dans les coursives des mines d'éternel crucifié. Il faut le dire : sans lui, la maison eût boité bien bas. J'imagine qu'il a dû mourir en battant le tambour un jour de panne d'électricité.

Ce gardien du temple bénéficiait d'une faveur, afin d'arrondir son maigre traitement, l'Administration l'autorisait à vendre brioches et croissants hors les heures de cours. Cette disposition me fut un jour funeste.

Maman me donnait dix sous tous les matins pour puiser dans la corbeille : ma fatigue, provoquée par la concentration studieuse, exigeait ces sacrifices. Il fallait récupérer, pallier l'épuisement. Ma nature robuste n'en désirait pas tant. J'en pris d'autant plus vite conscience que j'adorais la réglisse en rouleau, les pastilles à la menthe, les boules de chewing-gum. Ces friandises me paraissaient suffisantes pour surmonter l'épreuve quotidienne.

1. Déformation sétoise de l'arapède. Des puristes étrangers l'appellent aussi « patelle » ou « bernique ».

Inventoriant mes poches, maman dut concevoir quelque doute sur l'usage de mon pécule : elle eut vent du scandale… Interrogé, Costaud, le traître, me livra ; j'avais déserté son commerce au profit de l'épicerie Garrigue.

Il y eut de la raclée dans l'air. Elle finit par tomber. Ce rituel accompli, le conseil de famille se pencha avec gravité sur une équation difficile : maintenir ma vitalité en supprimant la subvention. De ce dilemme shakespearien sortit un compromis raisonnable : je perdis mes dix sous, mais, au petit déjeuner, on me gava d'un croissant supplémentaire.

Georges, bénéficiaire privilégié de mes largesses en sucreries, s'il n'eut pas à souffrir de la correction, se trouva néanmoins frustré dans sa gourmandise. Dans son vocabulaire, les auteurs de mes jours devinrent des « bourreaux ».

De longues années passèrent avant qu'il révisât ce jugement circonstanciel.

*

Costaud, le mal-aimé, comptait ses ennemis par centaines, tous les gosses tombant sous sa juridiction.

Le propos toujours sombre, le regard soupçonneux, il traquait le coupable. Il faut bien reconnaître qu'on lui en faisait voir de toutes les couleurs.

A quatre heures, dans la cohue des sorties, il se trouvait souvent un terroriste pour donner un grand coup de pied dans la porte de sa loge, qui se fondait aussitôt, dans la foule, sûr de l'impunité. Furibard, avec une vélocité qui en disait long sur ses ressources, Costaud accourait au perron, montrant le poing aux nues, invectivant la troupe.

Homme à tout faire, animé d'un zèle dévorant, le pipelet se créait sans cesse de nouveaux soucis. Il avait pris sur lui de veiller aux bonnes mœurs. Il y fallait une vigilance de tous les instants : jusqu'aux classes primaires, le collège était mixte. Chaque jouvencelle se flattait d'un « bon ami »... Elle jouait la grande.

On ne comptait, hélas ! guère plus de dix filles sur un effectif de trente élèves. Il en résultait qu'un grand nombre de garçons se voyaient voués au célibat. Fort heureusement, l'inconstance des femmes arrangeait bien les choses : adoré aujourd'hui, trahi le lendemain. Pierre quittait leur vie. Le nouveau fiancé, adulé quinze jours, devait laisser la place à d'autres soupirants. Grâce à ce roulement, la plupart d'entre nous se trouvait un moment en puissance d'épouse. Au bout du compte, ne restaient que bien peu d'incompris pour maudire la féminine engeance et la cécité de l'amour. Pas encore pubères, les petites chéries ne couraient du reste pas grand risque ; notre galant commerce, se limitant aux billets doux, aux œillades coquines, ne justifiait pas les alarmes du Costaud. Vénus m'avait pourvu en la fille du maître : Juliette Vésinet. J'en tirais force gloire, me nimbais d'une aura. Georges me chansonnait à mon grand désespoir, mais il y avait de quoi... Longue comme un échalas, piquée de taches de rousseur, plate sur les deux faces comme une limande blonde, elle n'eut sans doute pas inspiré Praxitèle. Je trouvais néanmoins mille séductions dans ce piteux inventaire. Ajoutons qu'elle est devenue aussi jolie que bien d'autres. Je puis en attester pour avoir eu la joie de l'embrasser quelque soixante ans plus tard. Monsieur Vésinet n'a jamais rien su de ma passion coupable – ce qui valait bien mieux. Je lui donnais assez de tracas avec l'imparfait du subjonctif et le débit des robinets. C'était un grand honnête homme.

Georges ne se distinguait pas de la troupe anonyme.

On nous voyait souvent dans le bas du tableau, abonnés tous les deux aux encouragements : « Peut mieux faire, faible, doit travailler, des possibilités si l'élève est sérieux. » Tel était mentionné, au casier judiciaire du bulletin mensuel, l'avis des professeurs. Il arrivait certes à mon ami, de-ci de-là, de glaner un laurier, d'orner son palmarès d'une bonne note ; la récitation, la culture physique apportaient au logis quelque raison d'espoir.

*

Le temps des fiançailles ne le tourmentait pas. Il boudait le jupon. Il avait bien louché du côté d'Andrée Gavini, fille d'un avocat, mais ce bourreau d'études nous raflait tous les prix. Cette domination, qu'on citait en exemple, freinait la sympathie, rebutait les avances. Bref, aux charmes de l'amour comme aux grâces de l'esprit, Georges n'avait pas encore donné sa mesure.

C'est en classe de sixième que devaient commencer les choses sérieuses. A défaut de brillant sujet, Georges allait s'y révéler un redoutable agitateur.

Pour diriger l'école, on ne mobilisait alors qu'un seul ministre. C'était insuffisant. Depuis, on en a mis deux, qui tentaient de mettre la main sur la pierre philosophale – sans y parvenir, on l'aurait su…

Au collège de Sète, en 1932, les choses étaient plus simples. On se satisfaisait de trois orientations : l'option « A » (latin, grec, une langue) réunissait l'élite ; l'option « A prime » récupérait les téméraires traînant sur le chemin de la glorieuse troupe. On y enseignait deux langues en gardant le latin. En « B », le dépotoir : toutes relations rompues avec Sophocle et Tite-Live, on tentait, par l'anglais, l'espagnol, l'allemand, de nous tendre une perche.

Il va sans dire qu'en ma compagnie Georges fit un parcours complet.

Fleur au fusil, nous partîmes en « A ». La pente était trop rude. On tâta du « A' » avec peu de succès, on échoua en « B », faute d'une autre lettre.

Cette vue sans nuances, pour tout dire spartiate dans l'ordre des valeurs, comportait un mérite : on s'y reconnaissait. Cahin-caha, redoublant une classe, on finissait même par assembler quelques notions de base. L'acharnement des maîtres compensait nos carences.

En cadence d'une férule sans compromission marchaient des mœurs austères.

On en trouvait le premier signe dans l'habillement. A l'exception de quelque marginal, aucun des professeurs n'échappait à la règle : chapeau melon, veston noir, pantalon rayé, col de Celluloïd et cravate à système.

Le mauvais exemple venant toujours de haut, monsieur Simon, le principal, méprisait la contrainte

– un chef qui se respecte vit au-dessus des lois. C'est sous un feutre gris au bord gansé de soie qu'il cachait sans rougir sa toison clairsemée. Par juste compensation, le bon ordre voulait que monsieur Tusé, surveillant général, en rajoutât dans la rigueur vestimentaire ; il devait coucher avec sa redingote, semblant, en quelque sorte, le menin du seigneur.

Fruchton, enseignant la grammaire, portait le béret basque. Il faisait exception sans risquer la critique. Vaillant combattant de 14-18 dans les chasseurs à pied, il avait chèrement gagné des droits imprescriptibles. Sa coiffure était là pour nous le rappeler.

Jonglant habilement avec le fait du prince ou les bonnes raisons, se glissaient chez nos maîtres des frondeurs mal notés, tel Matal, le « Totu », qui arborait la régate sur un fond de col mou ; il en faisait jaser, mais c'est de Bonnafé que venait le scandale. Ce goujat, ce voyou moulé d'un pull-over portait un col roulé et, suprême indécence, un veston à carreaux. De la provocation ! Ses collègues, d'emblée, le mirent en quarantaine.

Universitaire de talent, passionné par les lettres, il avait emprunté une étrange filière pour le professorat : il venait de la boxe.

La tradition, de Charlemagne à Jules Ferry, d'Isaac à Malet, s'en voilait la sainte face. Nos maîtres étriqués le jugeaient sans la moindre indulgence, le fustigeaient tout haut. Cet athlète en maillot, cet hercule de foire usurpait un emploi dans leur docte assemblée. Un lutteur d'estrade, un exhibitionniste, un m'as-tu-vu des rings fréquentant Cicéron, cela passait l'entendement.

Alphonse Bonnafé, dit le « Boxeur », pourvu de dons multiples, pratiquait l'éclectisme. Tirant dans les welters, il avait accédé au Championnat de France amateur sans croire pour autant à un avenir de pugiliste, puis avait tout lâché, retrouvant son destin, ses poètes chéris : Villon, Ronsard, Rimbaud, Stéphane Mallarmé. Comme il fallait bien vivre, il passa des licences et se fit professeur.

L'Académie – elle aurait pu choisir plus mal – le dépêcha à Sète ; nos chères têtes blondes avaient besoin de lui.

Tout à l'écoute de sa musique intérieure, il opposait une superbe indifférence aux mines des dindons courroucés. Il laissait cacarder les oies de basse-cour.

L'ostracisme dont le frappaient les bien-pensants et les bien-vêtus lui rendait au demeurant quelques menus services. Il lui permettait d'échapper au cercle des professeurs – consistoire funèbre. En outre, jugé peu décoratif, on le dispensait d'une corvée languissante et compassée : la distribution des prix. Il aurait pourtant pu en remontrer aux plus érudits. Lisant dans le texte *De bello Gallico*, il pensait en latin, pleurait en récitant deux cents vers de Virgile.

Seul de tous nos maîtres, il ne fut jamais chahuté. On aurait, certes, pu craindre sa droite ou son crochet du gauche, mais nous le révérions pour bien d'autres raisons.

Dès qu'on entrait en classe pour son heure de cours, on ressentait très vite un phénomène étrange. On entrait en chapelle, il disait la grand-messe. On subissait le charme. De confiance, la plupart d'entre nous partageait ses émois. Même les cancres les plus irréductibles, occupant de plein droit les dernières banquettes, se trouvaient subjugués. Ils respectaient l'artiste et ne pipaient plus mot.

S'écartant du dogme avec des audaces inouïes, à tous les communiants il rendait la foi naturelle. Qui donc a oublié, de tous nos condisciples, ses moments d'abandon et son rayonnement ? Il nous parlait de son amie, fête de la douceur… De leur sérénité les matins de repos, de leur café au lit, des vers qu'elle écoutait.

On comprendra sans peine. Le discours orthodoxe se trouvait mis à mal ; il en sortait étrillé. Cette approche insolite de notre éducation, qu'on eût cherchée en vain dans tous les manuels, hérissait les cheveux. Alphonse Bonnafé, pour ces canards de ferme, incarnait Belzébuth.

Ce maître exceptionnel, je le vénère encore. Il a marqué une génération, et Georges au premier rang. On n'imagine pas la passion du verbe qui devait, chez le poète Brassens, s'épanouir au fil des jours, sans être aveuglé d'une évidence ; là furent entamées les murailles de Jéricho – elles allaient tomber au chant de sa guitare.

Quelques années plus tard, quand Georges se cherchait, on revit le « Boxeur ». Il avait bien vieilli, occupait un studio rue Fürstenberg, à Saint-Germain-des-Prés. La tête chenue, mais la même bonté, la même intelligence. Dans le même regard, la lumière inspirée.

9

La vraie crème des écoliers, des écoliers

Georges n'eut pas la création spontanée. Il tâtonna longtemps. Ses mélodies, surtout, furent longues à éclore. Les dieux, sachant le prix de leur intervention, se laissaient mériter.

Il connaissait, à peu près, le dessin des notes émaillant les portées des petits formats : là se bornaient ses connaissances.

C'est en tâtonnant sur le piano de la tante Antoinette rue d'Alésia – nous en reparlerons – qu'il situa les sons et trouva les accords. Plus tard, sur la guitare, il découvrit tout seul la place de ses doigts. Sa mémoire tactile, qui tenait du prodige, conservait pour toujours le geste à accomplir. Quant aux signes écrits, ils devaient pour longtemps demeurer de l'hébreu.

Il paraît que, sur le tard, il se fit violence pour apprendre le *si*, le *la*, le *ré*, savoir les situer en battant la mesure. Ce pensum, au programme de l'examen d'entrée de la SACEM, garantissait ses droits chez les compositeurs. Il ne devait y attacher qu'une piètre importance et m'en parla très peu.

J'étais bien mieux loti, ou plus mal, c'est selon. Les leçons de solfège figuraient à mes cours. Deux fois par semaine, après le repas du soir, le complément de mon éducation exigeait ma présence au conservatoire municipal. Là, dans le grésillement des lampes à gaz et le soutien douteux d'un piano grelottant, on solfiait des gammes.

— *Do, ré, mi, fa… fa* dièse, nom de Dieu ! hurlait le croque-notes. Reprenez-moi tout ça !

Il eût fallu des dispositions souveraines, ou s'appeler Mozart, pour trouver l'harmonie dans ce capharnaüm.

Lorsqu'on m'estima suffisamment rompu à la gymnastique des doubles-croches chantées, on acquit un violon. Dès ce moment, pour moi, commença un calvaire. Contraint de descendre tous les jeudis chez monsieur Ramonet – premier prix de Paris – pour racler des arpèges, mes progrès étaient lents. Les arpèges en question me faisaient de l'usage et duraient bien un mois. Stéphane Grappelli ne jouait pas encore pour me servir d'exemple et me rendre l'espoir. J'en étais réduit, les jours de récompense, à saccager la *Berceuse* de Jocelyn ou à bousiller *le Cygne* de Saint-Saëns.

Chaque jour m'apportait son pesant de soucis : il fallait répéter, apprendre la leçon, cependant que, narquois, tournant sous mes fenêtres, Georges et tous les copains m'abreuvaient de lazzis.

Par hâte d'en finir, la *Berceuse* prenait des accents militaires, presque au pas de chasseur. Les menuets de Lulli s'achevaient en java. L'instrument en grinçait. Ces rythmes novateurs ne faisaient pas recette : maman vitupérait. Il me fallait alors tout reprendre à zéro.

Je ne suis pas devenu un grand violoniste. Je n'ai pas même réussi à retenir plus de trois accords sur la guitare[1] de Georges en suivant ses conseils ô combien éclairés !

*

A Sète, nous étions encore loin des harmonies premières, plus éloignés encore des salles soulevées, des ovations debout.

Faute de fredonner les musiques du Maître, on chantait Jean Tranchant, Trenet, Vincent Scotto, mais l'oreille pointait sous la peau du potache. De très bonne heure, Georges commença par coller des paroles de son cru sur les musiques d'autrui. Il gardera longtemps le goût de ces énormes farces. J'en ai une en mémoire. Les amis de l'Impasse n'ont pas dû l'oublier.

Ce petit chef-d'œuvre se chantait sur l'air de *Je n'ai jamais vu Carcassonne*, musique qu'il n'a pas composée, mais dont il s'est servi pour *le Nombril des femmes d'agent.*

Je me fais vieux, j'ai soixante ans
J'ai fait l'amour toute ma vie
Sans avoir durant tout ce temps
Pu satisfaire mon envie.
Depuis que j'existe ici-bas
Rien jamais ne me fut propice
Mon vœu ne s'accomplira pas
Je n'aurai pas la chaude-pisse.

---

1. Contrairement à une légende sympathique, ce n'est pas le chansonnier Jacques Grello qui a offert à Georges sa première guitare, mais la bonne Jeanne, en 1944, avec l'argent des robes confectionnées pour ses clientes.

Pour l'heure, en classe de quatrième, un vocabulaire limité et une syntaxe approximative ne lui permettaient pas de telles envolées. Les rimes étaient moins riches. Georges se contentait de mettre en couplets les colombins fumants sur des musiques composées initialement pour célébrer l'amour. Ce n'était peut-être pas d'un goût exquis, mais il s'agit là d'une notion fluctuante dont les canons varient au gré des époques et des sociétés. Du reste, Tino Rossi ignora tout de cette adaptation, et le Jockey-Club n'en fit jamais son hymne[1].

Il faut ajouter que le temps lui manquait pour approfondir ces périlleux exercices. Nous étions trop occupés à semer la pagaille.

On recourait souvent à un moyen classique : la gueulante collective, donc anonyme.

Nous avions nos têtes. Le bon père Bonnel en savait long sur ce chapitre. Plus souvent qu'à son tour, Georges lui fit payer quelques « violons du bal ».

Maître d'histoire naturelle, monsieur Bonnel faisait de son mieux, entre deux esclandres, pour nous initier à la reproduction des fougères communes ou aux mœurs des gastéropodes. Il faut bien reconnaître qu'il ne possédait pas l'autorité naturelle. Malheur à lui quand il tournait le dos.

---

1. Il s'agit de :
Chante, chante pour moi
Dans cette nuit de rêve…
transformé par la grâce de Georges en :
Fume, fume, étron chaud
Fume, fume sans trêve…

Pour écrire au tableau, il se plaçait de biais, s'efforçait, par l'acrobatie d'un regard de guingois, de surprendre l'infâme porteur du premier coup. Hélas ! quelle que fût la position, l'angle mort ne lui laissait aucun répit... Cela partait de droite, revenait sur la gauche, sourdait en sons diffus, s'enflait de mille bruits, éclatait en tornade.

Je n'ai pas conservé un souvenir très précis des penchants hermaphrodites du végétal, ni une vision très claire de l'appareil digestif de l'escargot, mais je me souviens parfaitement des colères de monsieur Bonnel. C'était à la fois grandiose, titanesque, effroyable. Adjectifs au-dessous de la réalité. L'œil turgescent, la face violacée, il virait à l'apoplexie. Tout au bord de l'attaque, il ne trouvait plus ses mots.

On connaissait la suite...

Il fracassait une règle sur son bureau d'estrade, dans un jaillissement de plumiers et de gommes. En tressautait le volatile empaillé – objet de la leçon – et le fossile en plâtre roulait à douze pas. Il parcourait ensuite les travées au pas de charge, la menace écumante, promettait dans le désordre, à tout coupable découvert : deux heures de retenue, l'expulsion *illico* et la comparution devant le surveillant général en attendant le conseil de discipline.

Pourtant, il n'infligea jamais la moindre punition. Il suffisait aux rares « flagrants délits » de faire son siège à la sortie du cours... de témoigner quelque faux repentir, de s'engager sur quelque fausse promesse en lui représentant, avec une authentique bonne foi, le drame familial lié à la sanction. Il fondait de pitié, rayait la pénitence.

Consulté par nos parents sur notre conduite et l'avancement de notre savoir, il biaisait, cherchait à nous absoudre, expliquait nos lacunes et notre turbulence par la jeunesse et la vitalité.

Monsieur et madame Bonnel habitaient le quartier. N'ayant pas eu d'enfants, ils élevaient des chats, reportaient leur amour sur les gosses d'autrui.

Je ne suis pas sûr que notre vieux prof ait conservé un heureux souvenir de tous ces garnements ; ils lui en firent trop voir. Mais tous ces chenapans, quand ils pensent à lui, mêlent à leur souvenir un soupçon de tendresse.

Et Georges, direz-vous ?

Je ne surprendrai pas ses amis avertis ; c'était l'homme conseil, le souffleur dans sa boîte, le régisseur dans la coulisse. Scénariste, compositeur, metteur en scène occulte... Les tomates aux acteurs ; lui, pas d'éclaboussures ! Il organisait savamment les tapages, distribuait les rôles, gonflait les énergies. A l'heure de l'action, il était plus discret.

Il serait toutefois injuste de réfuter sa participation au labeur collectif. Se cachant d'ordinaire aux dernières banquettes, il donnait le signal, le coup d'envoi des réjouissances. Au plus fort du tumulte, il assurait les bruits de fond en forme de musique – la vocation naissait. Du coin de la bouche, il imitait avec une ampleur étonnante l'orchestre au grand complet. (Il en donne un aperçu en prélude des *Copains d'abord*, clin d'œil à notre enfance.) A l'abri des dos protecteurs, il martelait le pupitre en rythmant du poignet, faisait à lui seul autant de bruit que vingt, sans être repéré. Nous étions tous punis, il passait à travers. Tout comme un clignotant, sa petite lumière le prévenait toujours à l'instant du péril. Il savait s'en servir pour sa propre défense.

On connaît l'ascendant de Georges sur ses camarades ; l'épopée germanique, que d'autres ont racontée, en garde quelques traces. A Basdorf, à l'Impasse, il connaissait son poids sur le sort des amis, mais n'en abusait pas. Au collège, tout à la joie d'un chahut réussi, il ne lui venait pas de tels scrupules. Si je me parais de la plus impressionnante collection d'heures de colle que potache ait pu mettre à son actif, il compatissait sincèrement à mes malheurs, mais ne me freinait pas.

Il est vrai, compte tenu de mes dispositions foncières, qu'il eût fallu au moins y consacrer le treizième des travaux d'Hercule.

*

Nos victimes de choix comptaient aussi « Fruchton », de son vrai nom Fruchier, officier de réserve, professeur de latin jusqu'à la quatrième.

Georges tenait en lui un ennemi féroce. Le côté trop beau gosse du poète en bourgeon insultait la disgrâce de ce petit bonhomme, dressé sur ses ergots comme un coquelet nain. Fruchton l'apostrophait sur le mode ironique :

— Belle tête, Brassens, mais de cervelle, point !

S'il avait su, le pauvre…

Lui qui avait affronté la mitraille, l'heure H de l'attaque et les gaz asphyxiants, était plus dur à cuire. Au symbole guerrier du béret des chasseurs, il ajoutait, martial, le port de la culotte et celui des *leggings*. Le mollet bien cambré, moulinant de la canne, il posait au héros.

Un détail, dans sa physionomie, rendait notre tâche des plus ardues ; il louchait de façon délirante – un strabisme convergent qui frisait la provocation. L'incertitude où nous tenait son champ de vision ne protégeait personne. Il regardait à droite, le délinquant de gauche était pris sur le fait. Comme le sourd ordinaire entend incidemment ce qu'on veut lui cacher, il jouait de son infirmité en parfait virtuose... de la déloyauté.

On allait jusqu'à colporter qu'il s'en était servi pour gagner ses galons ; pour l'ennemi confiant, quoi de plus dépressif qu'un œil qui vise ailleurs avant de vous atteindre ? Cent hommes comme lui eussent gardé Verdun.

Sa disgrâce physique n'allait pas sans compensations ; on le disait auteur d'une fille adorable au regard bien planté.

Il en est ainsi des caprices du sort. Le laideron crée la beauté, l'imbécile enfante le génie, un prix Nobel ne peut s'estimer à l'abri d'un rejeton débile.

Pour l'heure, nous n'en tirions pas ces conclusions amères. L'entorse au génitif coûtait un maximum ; notre maître y veillait.

*

Chez monsieur Louis Marty, maître de gymnastique, nous étions déchargés des travaux de l'esprit sans être pour autant promis à l'inaction.

Il avait adopté, en guise de férule, une longue badine.

— Un, deux. Un, deux... plus vite les traînards ! Il faut cambrer les reins... lever les bras plus haut !

Il ne plaisantait pas : nos mollets en souffraient.

Nous tenions un expert en matière de muscles. Afin que nul n'en ignorât, sur les murs du gymnase, il avait affiché son brillant palmarès ainsi que des médailles au concours agricole : premier prix aux anneaux au Tournoi de Bouzigues en 1919. Il avait remporté, pour le cheval d'arçon, la coupe de Gigean. Mais n'exagérons pas, il fut champion de France, monta sur le podium aux épreuves olympiques de 1924... Cadet de nos soucis.

Nos guides avisés en disciplines nobles nous l'affirmaient bien haut :

— C'est avec la pensée qu'on gagne les batailles ! (Ce qui explique en partie nos déboires de 1939... nous avions mal pensé.)

Défendant son credo, l'apôtre du biceps était d'avis contraire. *Mens sana in corpore sano*, l'alpha de son missel. Tout commençait par là. En l'efficacité de son enseignement résidaient nos progrès dans l'acquis du savoir.

Les cancres trouvaient là des raisons d'espérer. Dans la plupart des cas imbattables à la barre, aux haltères, au 100 mètres, ils devaient incuber. C'était le cas de Georges. Une longue patience à entraîner leur corps déboucherait un jour sur quelque prix Nobel ou sur l'Académie.

Monsieur Marty ne mesurait guère plus d'un mètre soixante. Il avait fabriqué un fils d'un mètre quatre-vingts, soulevant, tout comme la fille de Fruchton, les mystères insondables de la génétique. Mais en la circonstance, l'axiome de « l'esprit attribut d'un corps sain » prouva sa pertinence : cet enfant athlétique professe en médecine.

Quelque vingt ans plus tard, Georges allait être en mesure de vérifier le savoir étendu du gymnaste-docteur, alors que celui-ci n'était encore qu'un brillant carabin… Brassens lui confia le soin de réduire une tribu de gonocoques cédés, au plus bas prix, par la petite Jo dont je reparlerai.

Marty s'en acquitta en parfait virtuose.

*

Puis venait le « Corol », notre ennemi juré.

Retrouver son vrai nom m'oblige à réfléchir ; tant de générations l'ont appelé ainsi. Comme le prof de gym, il se nommait Marty, enseignait le calcul, avait pour origine un coin de l'Aveyron où le *r* roule ainsi que le chant des colombes.

De cet oiseau affectueux et familier, il ne possédait, hélas ! que le ramage… Sa griffe était d'acier. Malheur à qui contestait son verdict ; deux heures en faisaient quatre, cent lignes se triplaient. On décelait en lui la rigueur du gendarme. Il est vrai que sa terre en a produit beaucoup. Un gendarme doué pour les mathématiques ; le cas n'est pas fréquent, mais l'évidence est là.

Il se piquait d'humour à notre détriment.

— Mirrramont… venez coller votrrre museau de fouine sèche contrrre la ville de Naples !

De fait, au piquet contre la carte murale, le bout de mon nez arrivait juste aux côtes de Calabre… à hauteur du Vésuve ; le bourreau voyait clair.

Cette basse démagogie, à l'endroit des condamnés en puissance, provoquait l'euphorie. Ils se hâtaient de s'esclaffer en attendant que l'un d'eux allât voir de plus près la ville de Turin – la taille des plus grands permettait cet écart – ou celle de Palerme, accessible aux petits.

Jusqu'à la fin du cours, me restait la ressource de suivre en pointillé la route des bateaux... m'imaginant à bord, vers des terres lointaines où le calcul mental est un art inconnu.

Dans nos rangs, le Corol causait de grands ravages, amputait nos loisirs, nous privait de repos, bon an, mal an, emplissait à lui seul, le dimanche matin, trois locaux de punis. La chose était trop grave ; il fallait réagir. La vengeance couvait à hauteur des sévices.

Georges, toujours aux avant-postes dans la préparation de manœuvres douteuses, réfléchit longuement et fourbit la riposte... Nous irions commander une pièce montée pour la faire livrer à son domicile, lui laissant, ça va de soi, le soin de la payer.

Nous ne sûmes jamais ce qu'il advint de notre innocente plaisanterie. En revanche, l'avenue Victor-Hugo nous resta interdite. C'est là que Georges avait choisi le pauvre pâtissier, en victime accessoire ; un danger évident rôdait devant sa porte.

*

Valéry mis à part, sans parler de Brassens, Marty ne fut pas le seul grand produit du collège. Était-ce l'air salin, le soleil, le mistral, la colline enchantée ? On ne les compte plus...

Tel Pierre-Jean Vaillard, en classe de philo, lorsque nous croupissions sur les bancs de troisième. On ne l'a pas connu (dans la dernière cour, l'élite en pantalon ignorait les petits). Puis Maurice Clavel, l'ennemi des « censeurs ». Gévaudan, chez les flics, parvint aux plus hauts grades. Colpi, je l'ai cité. Puis Thérond, puis Laville, journalistes de poids, usèrent leurs souliers sur les mêmes cailloux et leurs fonds de culottes sur les mêmes banquettes. Sollicités, plus tard, ils tendirent la main au rêveur de l'Impasse – chaîne de l'amitié l'arrachant au marais. Chirurgiens, magistrats se comptent par dizaines, en figurants de luxe, dans ce glorieux cortège.

Disons-le carrément : c'est un peu grâce à Sète et grâce à son collège que notre académie redore son blason…

Il y eut aussi Danzelle, fleuron du Football-Club. Il frappait comme un sourd dans le ballon de cuir ; on l'admirait beaucoup. Le même Danzelle fut peut-être l'instrument involontaire d'un scandale mémorable qui fit vaciller la vénérable institution sur ses bases. En voici l'essentiel.

La mixité, admise dans les classes primaires, se trouvait prohibée aux divers échelons, mais reprenait ses droits inexplicablement dans le cours terminal. Il y avait en philo cinq ou six jouvencelles, dont mademoiselle Simon, fille du principal, pour douze jeunes gens, dont notre ami Danzelle.

Sous la chaire de monsieur Bertrand, doux barbu préposé à la psychologie, dut naître une camaraderie entre mademoiselle Simon et le footballeur philosophe. Le Socrate en maillot jeta la passerelle : par son intermédiaire, la jeune fille en fleur rencontra Koranyi, prestigieux avant-centre de notre grande équipe.

Coup de foudre brutal… Koranyi engrossa la fille du patron.

Quel drame, mes aïeux, dans l'université ! Le collège en trembla jusqu'en ses fondements. Les groupes d'enseignants chuchotaient dans les coins. L'immense éclat de rire secouait Landerneau. L'austérité des mœurs traitait la pécheresse en brebis égarée. Hors les liens du mariage, pas d'espoir de salut. L'opprobre éclaboussait toute la descendance pour trois générations. En 1936 le sexe était tabou. Que la honte atteignît l'intègre principal, ce gardien des vertus, ne manquait pas de sel. Monsieur Simon ne mit pas de crêpe à son chapeau mais, en rasant les murs, il maria la pauvrette.

Quant à Georges, il célébra l'événement à sa manière ; sur un emprunt tout à fait clandestin à la musique de Vincent Scotto, il signa quelques vers que nous reprîmes en chœur.

Avec la cruauté de notre adolescence, rien ne fut épargné à nos répétiteurs : Gorenflot, Condoré, monsieur Grant et Titole. En évoquant Titole, vieilli sous le harnois, condamné à perpette à la livrée de pion, je revois les flambées de ses colères folles. Il sautait, glapissait… « Je vais cogner à tour de bras ! » Un chant désespéré…

Dans les lycées fleuris où il vit maintenant, peuplés par le Bon Dieu d'élèves exemplaires, il nous a pardonné la pire des malices. Par le plus grand hasard, Georges ne fut pour rien dans l'organisation de cette forfaiture…

Titole, les soirs d'hiver, se mettait en chaussons ; ses souliers dans un coin attendant la sortie. Qui eut l'envie féroce ? On n'en sut jamais rien (les archives du crime regorgent de méfaits impunis). Seul le coupable éprouve des remords quand il a mal aux pieds dans ses brodequins neufs... Tout à proximité de la paire éculée brûlait le poêle à gaz. L'idée ne fit qu'un tour... quelques instants plus tard, le crêpe avait fondu... L'odeur nous alerta... On ouvrit les fenêtres. Titole, électrisé, nous donna ce jour-là son meilleur récital et, par sécurité, ne se déchaussa plus.

*

Nos bons maîtres d'alors, il en manque pas mal à l'appel des vivants. Un compte à ma portée le montre à l'évidence : les plus jeunes d'entre eux fêteraient leurs cent ans.

Je doute qu'un grand nombre ait pu y parvenir, d'autant qu'on ne fit rien pour préserver leurs jours. La débauche d'efforts, l'alerte quotidienne les ont plutôt poussés au gâtisme précoce – la fin prématurée. J'ajouterai, à l'usage de leurs descendants, qu'il n'y a dans mes propos nulle méchanceté... C'est la loi du genre : le meilleur pédagogue est par définition une tête de Turc. Il n'échappe jamais aux brocards de ses troupes.

Plus tard, au coin du souvenir, surgissent des vertus... elles n'apparaissaient pas. L'épithète narquoise se teinte d'émotion. Cinquante ans de recul modifient bien des choses.

Quand Georges m'en parlait, tout au fond de l'Impasse, un voile de tendresse passait dans son regard.

*

Sa tendresse bougonne – bougonne par pudeur –, il n'en fut pas prodigue. Il observait pour lui une telle rigueur, une telle exigence des devoirs imposés par l'affection offerte, qu'il ne supportait pas la moindre défaillance dans ce qui lui était dû. Il pardonnait sans doute, mais n'oubliait jamais.

Le sens de l'amitié ? Chevillé à son corps dès la plus tendre enfance. L'ami était sacré. Qu'il ait tort ou raison. Delpont, amoureux fou de sa belle voisine, ne m'eût pas contredit. Dame de ses pensées, pour rester dans le ton des amours platoniques qui nous étaient permises, la belle était volage. Un solide maçon, de cinq ans notre aîné, partageait ses faveurs. Ce dernier supportait mal la concurrence et entreprit un jour de corriger Delpont. Georges s'interposa sans considération pour les quinze kilos rendus par l'adversaire. Ce n'était pas vocation pour la violence ni goût pour le pugilat. Tout le contraire d'un fier-à-bras, lui, le costaud de la classe, ne s'obligeait à intervenir que lorsque l'un de nous se trouvait en péril.

Cette vision pacifique ne l'empêchait pas – curieux paradoxe – d'affectionner l'aventure dangereuse et les ébats violents dans nos jeux quotidiens. J'ai parlé des plongeons acrobatiques au pont levant de la Bordigue. Il me revient en mémoire nos exploits, plus fous encore, au fond d'une carrière proche du Ramassis. Abandonnée, elle avait dû être exploitée pour empierrer quelque route ou, qui sait, façonner les pierres tombales du cimetière tout proche. Conséquence de l'extraction du calcaire, une falaise de quarante mètres s'était formée. Il subsistait en contrebas, seul vestige des travaux d'antan, une voie Decauville avec ses wagonnets. Le circuit empruntait une pente en remblais conduisant au sommet. Le jeu consistait à hisser une benne à roulettes au plus haut du dévers, puis, avec un peu d'élan, à dévaler la pente assis dans cet engin. Était sacré vainqueur celui qui attendait l'ultime seconde pour sauter en marche, avant que l'engin ne s'écrase contre le butoir, terminus du parcours. Georges l'emportait régulièrement à ce défi stupide.

Il est heureux que nos familles n'en aient jamais rien su. Nous eussions été séquestrés sous camisole de force jusqu'à la majorité légale.

*

Adolescent, Brassens affichait un goût pour le macabre. A quatorze ans, parodiant Hamlet le plus sérieusement du monde, il désirait un crâne pour orner son bureau. Cette idée le hantait. Elle fit tant de chemin qu'il bâtit le projet de s'en procurer un là où l'on en trouvait ; d'où une expédition nocturne au cimetière du Ramassis. Il s'agissait, ni plus ni moins, de pénétrer par effraction dans l'ossuaire pour y chaparder l'objet de sa convoitise. Là, je dois reconnaître qu'en dépit de son entregent, de sa force de persuasion et de son influence redoutables, il eut beaucoup de mal à me circonvenir. L'affaire tourna court. Une mauvaise note à l'heure du larcin me priva de sortie… protection de Pluton.

Le thème de la mort revient du reste avec insistance tout au long de son œuvre : *le Testament, Pauvre Martin, Supplique pour être enterré sur la plage de Sète, Oncle Archibald…*

N'écrivait-il pas dans ses tout premiers vers :

On n'a pas eu le temps de se dire « Je t'aime. »
Qu'importe, avions-nous pas horreur de discourir ?
Et ça te va si bien les pots de chrysanthèmes...

Ou, dans ce long poème des *Jeunes amoureux* qui servit de prélude à *Lalie Kakamou* :

Nous offrirons aux filles des morceaux de suaire.

Enfin, cette lettre du 18 décembre 1949 à Roger Toussenot :

> *Il ne me déplaît pas, tu le sais, de voir mettre des cercueils en terre. Cela me rappelle notre condition. Au reste, tu n'ignores pas que la mort demeure mon tourment et ma gravité les plus intimes.*

Georges se livra rarement à de semblables confidences où transpire l'angoisse. Sa pudeur instinctive lui dicta plus souvent de traiter la camarde ou par le pied de nez ou la provocation. Si la mort reste la grande épreuve individuelle (« Je partage n'importe quoi, pas mon linceul »), elle témoigne sans contredit son aversion pour le pluriel. Il détestait la foule. A l'âge où l'adolescence tire sa force du groupe, il refusait de s'agglutiner. La fête au mois d'octobre, place Victor-Hugo, l'illustre à l'évidence.

Élément important des distractions sociales, la fête votive voyait se côtoyer femme à barbe, chenilles et baraques de tir. Le jeudi, le dimanche, manèges et loteries étaient notre horizon. Et le Salon-Palace, couleur d'Eldorado ! Un mini-Luna-Park, dont Montand, presque en culottes courtes, assurait la promotion. Comme lui, on y voyait :

Les filles et leurs dessous
En soie, en fil ou en pilou.

Mieux encore, en menant nos conquêtes sur le cochon, le cheval ou dans le carrosse, on caressait des seins sans audace excessive. Georges ne suivait pas, trouvait toujours l'excuse, l'obligation urgente pour nous fausser compagnie.

J'ai retrouvé plus tard ce trait de son enfance dans un certain malaise face aux admirateurs. Il vivait en ermite, fuyait les restaurants, les bistrots, bref, les lieux fréquentés où on l'eût reconnu. Il avait cependant le respect du public. Cédant un jour, à Lyon, à son souci de tranquillité, je lui proposai un pot dans le bar d'une rue peu passante. Il fut identifié ; vinrent en quelques minutes dix, puis vingt personnes en quête d'autographe. Réaction de cerbère, je tentai d'éloigner ce groupe d'importuns. Il me le reprocha.

Nous parlions de pudeur. Ses rares confidences valaient leur pesant d'or. D'Hélène, son premier grand amour, serveuse de bistrot morte à dix-huit ans, il me parla un peu, puis avec élégance cacha sa déchirure au cœur d'une chanson : *Personne ne saura jamais.* Composé en 1942, le poème ne fut pas utilisé, pris au pied de la lettre.

Sur Jeanne et sur Joha, il fut des moins disert. Pudeur aussi ses pirouettes, ses sarcasmes, sa propension à prendre pour souffre-douleur le premier qui lui prêtait le flanc. Quant à la tendresse, elle ne s'exposait pas. On ne l'eût pas entendu, tel le Marius de Pagnol, dire à son paternel : « Tu sais, papa, je t'aime bien. » Quelque trente ans plus tard, aux élans d'affection de René Fallet, un autre grand bonhomme, il répondit : « Pédé ! », mais avec la manière...

Tout jeune, Georges n'était pas un forcené de l'analyse psychologique ; en revanche, une intuition diabolique lui permettait de percevoir l'essentiel des choses et des êtres. Pas dupe de ses erreurs, il ne revenait jamais, vanité oblige, sur la cause jugée. Le con restait un con, et celui qui trouvait plus de grâce à ses yeux pouvait aller en paix.

Son sang-froid, son émotivité tout intériorisée lui valait d'être passé maître en l'art de dissimuler, parfois de simuler. Sa lucidité ne m'épargna point quelques années plus tard. Des notes à un ami, datées de 1948, le montrent à l'évidence : « Je vois dans cette lettre [d'Émile] trop de cabotinage. Il avait déjà à cette époque les mêmes défauts que je lui connais aujourd'hui. Il n'a, je crois, jamais été un homme très honnête vis-à-vis des femmes qu'il croyait aimer, et pour cause, il s'aime trop lui-même. » Mais rendons-lui justice ; lucide à son égard, il écrivait plus loin : « La présence d'Émile nourrit ma vanité. » Lucidité encore. Elle s'exprimait parfois en propos peu amènes. Quelques échantillons…

Nous parlions de Trenet. « C'est un pignouf, dit-il. Quand on tournait *Porte des Lilas*, il est sorti de sa maison de Nogent, juste en face, a regardé une séquence, puis est rentré chez lui sans faire le geste de nous inviter pour le verre de l'amitié. » A propos de Brasseur : « Un poivrot incurable ! Il nous invite à déjeuner, nous reçoit avec une cuite carabinée, nous insulte et nous fout à la porte… » Pourtant, Georges admirait les chansons de Trenet et tenait Brasseur pour un grand comédien.

Sans doute, prenant de l'âge, se défit-il de ce travers commun qui veut assimiler la qualité de l'homme aux qualités de l'œuvre. La sagesse populaire ne s'y trompe pas. Elle affirme toujours qu'on est « fils de ses œuvres ». Dommage qu'on n'en soit pas le père, car il existe, hélas! des fils dégénérés. Poètes, musiciens, artistes ne font pas exception : hommes comme les autres. Grandeurs et petitesses, et le talent en plus.

Si exception il y a, elle concerne Brassens. Et s'il n'est pas le seul, il demeure un des rares à mettre en harmonie le bonhomme et son œuvre. Assez conscient et honnête avec lui-même pour savoir précisément où commence le divorce, il n'a jamais triché.

Le public l'a senti.

Peut-être une raison de son attachement...

Affectif, intuitif, vaniteux, égoïste, simulateur lucide, fidèle et généreux, libre dans l'esclavage, le Brassens de quinze ans contenait tout en germe. La vie affinera défauts et qualités. Chacun juge à son aune.

Mais laissons-le parler :

> *J'éprouve la nostalgie de l'autre monde. Tu comprends bien que j'étais né pour être un arbre et devenir grand sans artifice. L'état d'homme me ronge le cœur. Heureusement, il reste l'hallucination préméditée. J'étais destiné à devenir un dieu, j'en suis fâché. Qui suis-je? Un enfant? Un étranger errant dans ce monde? Les deux sans aucun doute.*

(Lettre à Roger Toussenot, 6 mai 1949.)

10

Au moindre coup de Trafalgar, C'est l'amitié qui prenait l'quart...

— Au secours, Jo ! A moi ! Parraire veut me battre !... (ou Faubis, ou Diéval, ou Estèbe le « Bantou »).

Chaque jour m'apportait un ennemi tout neuf. Il faut bien reconnaître que j'y mettais du mien. Bourdonnant comme un taon, de lazzis en piqûres, je ne trouvais de trêve qu'on ne fût hors de soi. De la rumeur perfide à l'offense qui blesse, mon bagage était vaste. Tout me divertissait ; je tachais des copies ne m'appartenant pas, dispersais les cahiers qui n'étaient pas les miens, exploitais de mon mieux mes dons les plus divers d'exaspérer les gens.

Si, comme on le prétend, il m'en est resté quelque chose, le travers a faibli... Il faut vivre son âge et puis je n'ai plus Jo pour me parer des coups.

Presque en frère de sang, il était toujours là, accourait sur-le-champ à mes cris de détresse. Sans souci de la cause, se changeait en rempart. Je lui dois le salut en bien des circonstances. On peut dire qu'à Sète, à défaut de l'aubier, il garantit l'écorce. Sans lui, j'aurais été estropié dix fois.

Plus tard, ma dette s'alourdira. Il me protégera contre mon indolence à goûter les accords, sentir les harmonies. Il me présentera à des maîtres exigeants : Louis-Ferdinand Céline, Prévert, Paul Fort, Tillier, Lesage et Charles-Louis Philippe. Il m'apprendra les sons, la richesse du verbe, la magie des images, le rythme du propos... ou le peu que j'en sais.

Pour être à l'unisson, le jour de la Toussaint qui suivit son décès, la presse du Gotha y allait de sa larme ; la feuille au talon rouge d'un célèbre avionneur pleurait avec des gants le trépas du poète. J'y lus avec stupeur un titre ahurissant : « Brassens le bagarreur », écrivait un jean-foutre. Oh là ! jeune homme !... On dit n'importe quoi pour monter le tirage. Brassens, un bagarreur ! Où a-t-il trouvé ça ? On ne l'a vu se battre que pour aider les autres. Se battre est inexact ; il repoussait l'assaut, prenant bien garde de ne pas atteindre l'adversaire, ne jouait du chausson que pour nous garantir des godasses d'autrui. Jamais il ne se montra dans la moindre offensive. Il manifestait là une aversion précoce pour le métier des armes et son horreur du flic.

Ce jugement se nuancera par la suite. Il finira même par concéder qu'il n'y a pas plus de cons chez les militaires que dans les rangs de leurs détracteurs. Mais au temps de l'Impasse, il restait intraitable, les galons aggravant l'effet des conséquences. Témoin sa réaction lorsque, à l'occasion du transfert aux Invalides des cendres du maréchal Leclerc, je voulus aller voir le tombeau de Napoléon. Je tentai de l'entraîner. Il sauta au plafond.

— Tout soldat de métier possède en sa giberne l'âme d'un dictateur !

Il refusa tout net et trancha d'un seul mot :

— Va t'incliner devant la charogne putréfaite d'un général sanguinaire !

Je me le tins pour vu.

Et je lui tins pour dit, de la même manière, ma bravoure au maquis. Il en ricanait trop. Il y fut pourtant, bien involontairement, associé, l'anecdote suivante en donne un aperçu.

Mon parcours, en ces temps incertains, n'eut rien d'original : pourfendeur de Teutons en 1939, pétainiste en 1940, gaulliste un peu plus tard, je devais finir désabusé comme le plus grand nombre, mais c'est une autre histoire.

Toujours est-il qu'au plus noir de l'Occupation, poussé au crime par les boutefeux d'outre-Manche et les fantasmes de l'immaturité, je cueillis une fleur pour la mettre au fusil. Chargé de convoyer armes et munitions, j'échappai de justesse, sur le quai du métro, à la rafle des flics. L'impasse Florimont était mon seul refuge. J'y courus dare-dare, plantai là l'arsenal, laissant Georges et Marcel se débrouiller avec.

On m'expliqua plus tard qu'au petit matin blême, et en rasant les murs, mes complices forcés avaient fait place nette, s'étaient débarrassés de cette poudrière.

Si mes cartouches tuèrent peu d'Allemands, du moins, au fond d'un égout, elles ne risquaient plus de faire fusiller quelque pauvre bougre. Pour cet acte de bon sens, Georges ne revendiqua aucun brevet de résistant, mais me traita sans appel d'« enfant de la patrie ».

*

Pacifiste foncier, Georges réagissait parfois en terribles colères, violentes, redoutables. J'ai oublié les causes d'une querelle qui nous opposa rue de l'Hospice. On peut le présumer : las de sa tyrannie, au cours de quelque jeu, je voulus m'en aller. Il le prit au plus mal et brandit un moellon... La porte entrebâillée me sauva du carnage. Claquée derrière moi, elle subit tout le choc... fendue de haut en bas.

Nous subîmes longtemps ces à-coups de folie : la rançon du talent. Le mobilier de Jeanne en fit parfois les frais. Il lui arrivait aussi de fracasser ses pipes. C'était bref mais brutal. Puis, « toutou » repentant réparait les dégâts avec cent gentillesses, recollait les morceaux.

A Sète, il ne se mêlait pas toujours de nos bagarres. Il savait distinguer le sérieux du futile.

Je provoquais Boby jusqu'à nous colleter comme deux chiffonniers. Chacun de nous suivant les options paternelles, on politicaillait.

Fils de négociant prospère, Boby penchait à droite. Mon père, fonctionnaire en 1936, portait le cœur à gauche. Il suivait en cela le discours naturel des serviteurs d'État qui, stoppant le labeur en cours d'après-midi pour cent points de piquet ou quinze de pétanque, prônaient les quarante heures. Reposés par la sieste, ils trouvaient un cœur neuf pour maudire le sort des damnés de la terre. Jusqu'à l'os du gigot, ils puisaient l'énergie pour plaindre sans remords les forçats de la faim... Ma bible de treize ans.

A la récréation on prouvait nos croyances. Si j'avais le dessus, je contraignais Boby à crier : « Vive Blum ! » S'il m'étranglait un peu, je gardais quelque souffle pour applaudir Doriot.

Georges, d'un œil serein, suivait ces durs combats. Anticipant sur un thème futur, il nous eût peut-être laissé mourir pour des idées, mais ne redoutait pas qu'on s'occît tout de bon.

Si Boby se passionnait pour l'engagement politique, il n'en exprimait pas moins les plus heureux penchants pour semer la pagaille, provoquer le scandale. Corneau, prof d'allemand, en subit les dommages.

Il faut bien reconnaître que son seul patronyme eût provoqué un saint. Son nom était toujours suivi par un sifflet moqueur.

— Apprenez l'allemand avant que les Allemands ne viennent vous l'apprendre, nous disait-il.

Ce qu'il nous rabâchait en 1937 ! Cet étrange slogan, un rien provocateur, finit par nous choquer. Visionnaire suspect, il fut bientôt un traître.

Corneau, ce défaitiste, indignait l'auditoire ; la leçon s'imposait. Boby nous décida pour la lettre anonyme, moyen peu reluisant, j'en conviens aujourd'hui.

Eu égard à sa plume, au renom établi, Georges fut mis en charge d'écrire le pamphlet. Il le tourna en vers – des octosyllabiques ! Pour livrer au grand jour les malheurs conjugaux de notre professeur, ce prophète vendu, la rime s'imposait...

Ce méchant poème ne figurera sans doute pas dans les anthologies, mais nous rîmes bien fort... et peut-être un peu trop. Car, dès le lendemain, Heine, Schiller nous avaient pris en grippe, Goethe nous tenait à l'œil, nos démêlés avec la Lorelei s'étaient durcis d'un ton.

*

La collaboration entre Boby et Jo allait porter ses fruits, atteindre des sommets dans la dernière affaire.

Notre maître d'étude s'appelait Condoré… aubaine inespérée. On ne chercha pas mieux ; le nom parlait tout seul.

Dans la poursuite aléatoire de titres universitaires, Achille Condoré avait perdu en route beaucoup de ses cheveux. A quarante ans passés, pion sans grand avenir, la bouche était amère et l'œil désabusé. L'étude l'obsédait, il nous supportait mal. A la moindre incartade, on goûtait du piquet ou de la retenue.

L'origine alsacienne de notre surveillant ajoutait à nos craintes. Un homme du grand Nord ! Pour nous, du littoral, les terres inconnues commençaient bien avant… telle la Sibérie, le pays des Tatares, des Mongols à cheval mangeurs de viande crue. Il n'était pas des nôtres ; on allait le lui apprendre.

Stratège consommé, agitateur dans l'ombre, Georges ne tarda pas à tirer les ficelles. L'idée avait germé, le plan fut établi et la mèche allumée. Boby, l'exécuteur, se chargea de l'action. Expulsé par le pion, il purgeait une peine : huit jours de mise à pied, interdit de son banc – heureuse conjoncture dont on tira profit. En chef d'état-major, Jo passa les consignes : il s'agissait de recruter une douzaine de garnements, étrangers au collège, connus pour leur culot… des coquins sans vergogne achetés à bas prix.

Le jour J arriva. Munie de lessiveuses, d'ustensiles bruyants, la troupe de Boby gravit le raidillon qui mène au mont Saint-Clair.

A mi-coteau, la fenêtre d'étude protégée par un mur s'ouvrait sur le chemin – on l'avait repérée pour plus de certitude. A la chaleur de juin, tous les battants ouverts, rien ne nous échappait : les cris du martinet, le crincrin des cigales.

Tous étaient au courant ; cet internat du soir resterait mémorable. Chacun tenait son souffle. Les archives l'attestent : on n'avait jamais vu d'élèves aussi studieux qu'en ce soir de printemps. Pas un seul ne bronchait... pas une punition. Le calme était suspect. Condoré, alerté par un sixième sens, s'agitait, mal à l'aise.

Sur le coup de cinq heures, la foudre s'abattit.

On discerna d'abord comme un sourd grondement, puis, au fil des instants, le son se précisa. Comme des forcenés, frappant sur leurs gamelles, les soldats de Boby y allaient de bon cœur. Le tumulte s'enfla, éclata en fanfare à trois mètres de l'huis. Soudain tout s'apaisa. Alors, dans le silence, on entendit la voix du jugement dernier :

— Ô Condoré ! Ô counas ! Ô tapette ! tu es plus con doré que les cons en argent !

Je passe sur la suite. La harangue indigente, toute de ce tonneau, ne vaut pas le détour. La chorale, pourtant, ne manqua pas de souffle, ponctuant chaque mot d'un concert délirant.

Maigre consolation, le pion ne se sentit pas seul dans le naufrage de son prestige. Fraternellement unis dans la pratique de mœurs douteuses, Titole eut son paquet, suivi par Gorenflot, Courtepatte et bien d'autres. Le principal Simon ne fut pas à l'abri. *La bite à Totu que l'on croyait perdue* lui était échue de préférence.

Le maître avait pâli. Dans son œil furibond, on lut des représailles.

Suspect numéro deux, pouffant sur mon pupitre, incapable de cacher ma jubilation, j'écopai de quatre heures dans l'instant qui suivit. Suspect numéro un, Georges resta impassible. Avec un sang-froid qui en disait long sur son art de la dissimulation, il soutint le regard du maître d'internat sans le moindre sourire, joua l'étonnement. Comme le général qui sacrifie une armée et puis meurt dans son lit, il s'en tira sans dégâts.

Le forfait résonna comme un coup de canon. Le collège, plié d'immense rigolade, eut son heure de gloire à travers la cité. L'Académie inquiète hésita un instant sur l'envoi du ministre. L'étude, convoquée au bureau du patron, entendit les mâtines. Boby ne revint pas. Une sanction suprême l'attendait au tournant : d'expulsé provisoire, il passa à la condition de chômeur définitif. Conséquence imprévue, la rancœur s'installa au clan de nos « mentors ». Les moins endommagés par la rumeur publique plaignaient les plus atteints... avec hypocrisie. Il est des cas où la façon de donner ne vaut pas ce qu'on donne.

L'année se termina, au grand soulagement de l'administration. Les soucis familiaux et les épées pointues suspendues sur nos têtes connurent un répit ; les vacances étaient là... Mais deux mois de repos n'arrangèrent pas tout.

Boby, prié d'aller se faire pendre ailleurs, nous quitta sans espoir. Le commerce du bois, sous caution paternelle, l'accueillit comme il put... c'est-à-dire sans joie.

Georges en avait assez : il embrouillait l'histoire, et la géographie ne le passionnait pas. Le calcul l'ennuyait ; quant à parler d'algèbre, il y perdait son *la*. Grâce au ciel, il restait des moellons dans l'enclos du grand-père et des murs à bâtir dans les rues alentour. Il revint au logis.

Un mouvement touchant des agents du Trésor modifia mon sort : la région champenoise manquait de receveurs, mon père y fut muté. Dans un lycée tout neuf et pas trop regardant sur les dossiers douteux, j'allai pour quelque temps poursuivre, loin de Sète, des études incertaines. Durant les trois années qui devaient s'écouler, je ne revis pas Georges. Mais l'amitié veillait : il ne se passait pas huit jours sans qu'une lettre ou deux vînt nous réunir.

Nos incartades ont vécu. Georges en fut le témoin et bien souvent l'acteur… ce qui les embellit. Qui donc prendrait plaisir à lire nos sottises, monnaie de toute enfance, si la gloire aux doigts d'or ne les sacralisait ? Il en est de plus drôles. Celles que je raconte auront-elles la chance de tomber sous les yeux des copains survivants, de réveiller en eux des morceaux de jeunesse, ranimer des visages au bois du souvenir, de les faire sourire ?

Le collège est bien loin… Combien en reste-t-il ?

Puisse ma nostalgie apporter un écho aux chansons du poète, une modeste rime au chagrin des amis.

11

Je suis d'la mauvaise herbe, Braves gens, braves gens...

Notre voyage à l'Expo de 1937 avait laissé des traces ; Paris fascinait Georges.

Un bilan catastrophique, à l'issue de la troisième, lui fit la courte échelle ; la famille ne pouvait plus s'opposer à l'abandon de ses études. Du reste, l'affaire des bijoux dérobés, où il ne prit qu'une bien mince part, voulait qu'il changeât d'air.

Ce fait divers défraya un moment la chronique locale. Sans reprendre par le menu les péripéties contées dans diverses biographies de Georges, j'en livre un raccourci.

En 1938, je quittai Sète pour suivre mes parents en terre champenoise. Mon ami devait interrompre sa scolarité, quelques mois plus tard. Boby, faux guitariste de la cité Doumé mais voyou authentique, fut exclu du collège, escorté en cela par quelques garnements.

Les mauvais sujets de troisième, actifs ou sans emploi, restaient inséparables. Ceux qui étaient renvoyés, en vivant à l'air libre, découvrirent des plaisirs jusque-là prohibés. Ils tentèrent les autres. Mais cela coûtait cher. Où trouver de l'argent ?

La mode du braquage ou de l'enlèvement n'ayant pas encore fait son apparition, les inventifs de la bande ne trouvèrent rien de mieux que de piller le trésor familial. La bague de tantine, la chaîne de parrain furent transmutées sur-le-champ en diabolos citron, en balades en taxi.

L'issue était fatale. Un piège fut tendu dans lequel ils tombèrent.

Pour un seul bijou « emprunté » à Simone, Georges devait tâter la paille des cachots. Quant au passage à tabac qui suivit la capture, il ne le pardonna jamais tout à fait aux flics du temps jadis ni à ceux d'aujourd'hui.

Personnellement, je n'en sortis pas sans dommage. Bien que me trouvant alors éloigné de six cents kilomètres, la correspondance que j'échangeais avec mes anciens camarades me valut de rendre des comptes à un commissaire de banlieue ; j'en entendis des plus sévères sur mes mauvaises fréquentations.

Grâce au ciel, j'avais aussi dans ma poche de la corde de pendu… en l'occurrence, et en référence à la chanson *les Quatre Bacheliers*, un père du même tonneau que le père Brassens.

Résumons en deux mots ce moment décisif : Georges était soulagé de quitter le collège, mais la rumeur publique ne le ménageait pas. Il valait mieux partir… Paris ouvrait ses bras.

Un bonheur n'arrive jamais seul : Antoinette, sa tante, vivait au saint des saints… on la sollicita. Elle se fit beaucoup tirer l'oreille puis, devant les résolutions solennelles du neveu et les garanties écrites de sa sœur Elvira, elle se laissa fléchir, accueillit le « voleur ». La suite n'allait pas tarder à justifier ses appréhensions.

Si Georges trouva bientôt un petit emploi aux Batignolles dans la machine-outil et, plus tard, chez Renault, il découvrit encore plus vite le piano du vestibule. La fabrication des tours à poupée ne détermina chez lui qu'une assiduité médiocre. En revanche, l'instrument à cordes retint tous ses instants.

Au 173, rue d'Alésia, pour les voisins du dessus comme ceux du dessous, commença alors une longue pénitence. Ignorant l'emploi de la pédale, Georges gardait l'usage de ses pieds pour frapper en cadence sur le parquet de chêne : il assurait le rythme. Bien que d'aspect robuste, cet immeuble cossu y trouvait à redire. Des combles au sous-sol, il résonnait comme une contrebasse. Les plafonds s'écaillaient.

La rumeur du quartier fut d'abord un murmure. Puis on parla tout haut. Puis on vociféra. On alla jusqu'à signer des pétitions.

La pauvre Antoinette tenta d'intervenir. Elle eût mieux fait de rester coite ; Georges tapa plus fort. Il avait déjà une vision précise des bourgeois décadents, des repas à midi, du potage à sept heures, des patins au salon et des propos feutrés. Il ne supportait pas qu'on congédiât la muse quand elle ouvrait les bras, qu'on lui coupât le son.

Maudissant son bon cœur, Antoinette plia. Devant l'inspiration, elle se fit bien petite. Elle n'osait même plus descendre l'escalier pour faire ses commissions ; le fou dangereux du troisième étage occupait les esprits et meublait les propos. Heureux lorsque la tante s'en tirait avec l'apitoiement des voisins, la triste compassion. Le plus souvent, elle essuyait l'avanie des grincheux et les mises en demeure.

Trop, c'est trop ; un soir elle explosa. Il faut dire qu'en inventoriant les quatre pièces, en fouinant dans les coins, Georges avait fait une précieuse découverte : la réserve de liqueurs et d'apéritifs cachée dans la cheminée, derrière l'écran factice… Quand je venais le voir, on comparait les crus avec un grand sérieux.

Était-ce forte mélancolie ou trop faibles lumières, il mena ce jour-là une charge héroïque contre la cave d'Antoinette. Rentrant de promenade, elle en demeura le souffle suspendu et l'œil exorbité. Jo, barbouillé de Mercurochrome, brandissant un couteau, hurlait « à l'assassin ! », gueulait comme un putois, au bord de la fenêtre, sur trente pieds de vide.

Elle essaya de le raisonner.

— Pense donc aux voisins !

Le mot fit sensation. Georges n'attendait que ça pour le bouquet final. On dut l'entendre jusqu'au lion de Denfert…

— Les voisins, je les emme-e-e-er-de !!!

La bonne hôtesse n'en supporta pas plus. A peu de temps de là, il prit son baluchon pour habiter chez Jeanne.

Georges donna par la suite une version plus civique de son déménagement : l'incident excessif que je viens de narrer s'était produit au cours d'une permission accordée par le troisième Reich – Jo avait en effet été requis pour le travail obligatoire en Allemagne. Il profita, dit-il, du congé opportun pour ne pas repartir. Se trouvant par là même résident clandestin, il ne pouvait rester à l'adresse connue.

La tante, en vérité, fut bonne comédienne. Elle feignit l'inquiétude, la peur d'être traitée comme un parent complice. Elle força le trait : la venue des gendarmes, les menottes aux poignets et le pain sec de la Roquette. Sous peine d'ingratitude, Georges devait quitter un logis dangereux. Comme on dit au football, elle joua bien le coup...

La petite histoire révèle bien souvent les reliefs de la grande. N'en déplaise aux croyants, Antoinette, à bout de résistance, eût passé le relais sans le secours d'Hitler.

Désormais Jeanne veillerait au grain, subirait les caprices et les extravagances. Elle prenait le fardeau pour d'obscures raisons, mais on l'avait forgée dans un autre métal.

*

Que devint le piano? Dieu seul le sait peut-être. Martyrisé par un trop dur service, il a sans doute fini ses jours à la brocante. C'est pourtant sur ses touches d'ivoire que Georges essaya à Paris les premières musiques composées à Basdorf: *Personne ne saura jamais...* qui fera pleurer son grand-père, *Harmonie...* condoléances pour l'un de mes gros chagrins d'amour, et, surtout, *le Bon Dieu fait du swing,* dont, après trente ans, il n'avait pas renié le thème. Il l'offrit en effet à Pierre Louki, qui l'enregistra sur d'autres paroles. Avec une immense joie, je reçus, après plus de trois décennies, le choc de cette musique entendue pour la première fois en 1945.

Je ne m'étendrai pas sur tout ce que Georges composa en Allemagne et ramena dans sa tête sinon dans ses cartons. André Larue, compagnon d'infortune dans cette longue épreuve, en a parlé avec bonheur.

Son livre *Brassens ou la mauvaise herbe*[1] peint en anecdotes teintées d'humour et d'émotion la naissance du poète, la traversée du désert, la recherche, les brouillons déchirés, les doutes, les angoisses. Sans tomber dans les pièges de l'exégèse, Larue fait vivre l'homme, ses faiblesses, ses grandeurs. Son absence de rigueur comme de complaisance révèle le propos de l'authentique ami.

1. Fayard, 1970.

12

Il avait nom Corne d'aurochs
Ô gué ! ô gué !

Le rêve s'achevait. Commençait la vraie vie. Georges pouvait enfin crier ce : « Paris, à nous deux ! » qu'avait dit avant lui un certain Rastignac.

La suite se révéla beaucoup plus difficile et quinze ans s'écoulèrent avant qu'il n'affrontât les feux de Bobino. Quinze ans d'incertitudes, d'espoirs, de désespoirs... essais abandonnés, puis repris... quatrains recommencés... dix fois, vingt fois, cent fois... plaquettes publiées à compte d'auteur, grâce au travail de Jeanne : *A la Venvole*, édité par Messein, *les Couleurs vagues*, toujours dans ses cartons... *la Lune écoute aux portes*, paru sous la griffe honteusement apocryphe de Gallimard... Emprunt des plus délictueux, mais marqué d'un humour qui aurait dû réjouir le célèbre éditeur, « voleur considérable, du fait qu'avec deux *l* on n'en vole que mieux »... C'est Georges que je cite.

Peu de gens ont côtoyé le Brassens de cette époque, sans argent, misérable, son chandail démaillé, pantalons en lambeaux. J'entends encore ses cris de révolte angoissée devant notre indigence et les efforts de Jeanne pour maintenir à flot la barque démâtée, colmater les voies d'eau. La foi désespérée du poète meurtri devant l'œuvre inédite.

— Enfin merde ! Grosbidon, il y a des millions dans tout ça !!!

Jeanne n'en doutait pas.

Elle fut peut-être seule à ne jamais douter ; une once d'intuition... et des kilos d'amour.

Outre son individualisme foncier, la précarité matérielle dans laquelle survivait Georges offrait un terrain favorable à la pensée anarchiste.

J'ignore ce que furent ses premiers contacts avec les descendants de la Commune. Néanmoins sa culture dut impressionner ces autodidactes bricoleurs du clair de lune... la machine infernale. On ne tarda pas à lui ouvrir les colonnes du *Libertaire.* Sous la signature de Géo Cédille, Georges put y clamer sa fureur vengeresse contre les épiciers, l'argent du camembert et leurs suppôts : les flics.

Convié à la fête, j'expédiais chaque jour de mon petit village un papier au vinaigre. La soutane y passait de bien mauvais moments. Le mangeur de curés signait : Gilles Colin. Jo n'avait pas tressé ma couronne d'épines, pas inventé le mythe, livré *Corne d'Aurochs* à la postérité.

*

A ce propos, il serait peut-être temps de faire un sort à l'éventuel malentendu qui pourrait subsister dans l'esprit de mes amis... et des autres.

Georges composa *Corne d'Aurochs* en 1950, après que j'eus déserté l'impasse Florimont. Expliquer le pourquoi m'oblige à remonter jusqu'à l'année 1938, c'est-à-dire au moment où nous quittâmes Sète.

Mon père avait été nommé dans les marches de l'Est. J'y suivis mes parents, mais n'oubliai pas Georges ; des pages d'écriture restaient notre seul lien. Nous échangions une fabuleuse correspondance – en volume sinon en talent – et, dans chacune de ses lettres, il me pressait de le rejoindre ; il semait là des graines. L'une d'elles germa, grandit, s'épanouit en fleur et, le fruit enfin mûr, j'achetai un billet pour « monter » à Paris. Faisant fi des menaces paternelles d'excommunication majeure, par un matin de septembre je débarquai à l'Impasse. Jeanne, la bonne hôtesse, m'accueillit comme un fils.

Le 7, impasse Florimont, qui s'appelait le 9 bien avant que Georges eût les moyens de s'offrir tout l'immeuble, ne comptait que deux pièces. A l'étage, la chambre de Jeanne et de Marcel, son mari. Le rez-de-chaussée faisait à la fois office de cuisine, salle à manger, bibliothèque et auditorium. On y trouvait aussi le lit-cage de Georges, ses pipes et sa guitare.

Ces dix mètres carrés s'ouvraient sur une minuscule courette dallée d'ardoises écaillées. Dans le coin, une guitoune permettait de satisfaire à la turque nos besoins naturels et se prêtait de surcroît à la farce favorite de Georges ; dès qu'un occupant y prenait ses aises, le poète sadique jetait des journaux enflammés par le vasistas découpé dans la porte. Les hurlements de la victime le mettaient en joie. Il en dansait de jubilation.

Enfin, un cabanon de torchis fermait ce périmètre et nous séparait de la cour voisine. Il servait de remise au vélo de Marcel et de dépotoir pour les meubles cassés, les objets sans usage. Il abritait en outre certains chats de passage, et des araignées de toutes races y avaient élu domicile.

Georges débarrassa à grand-peine un coin de ce capharnaüm pour y installer un divan avachi, une chaise bancale. A défaut de confort, il fallait m'assurer un peu de protection. Il chaula les cloisons, balaya le plancher, arrangea quelques tuiles. Le résultat de ce dévouement n'avait rien d'une suite du Claridge, mais il faut reconnaître qu'on se heurtait à l'hostile nature des choses. Enfin, tout à la joie des retrouvailles, nous n'y regardâmes pas de trop près.

Quant à l'arbre – celui de la chanson – auprès duquel le poète « vivait heureux », on l'apercevait par-dessus le toit de mes appartements, planté, solitaire, dans le jardin d'à côté. Sous-alimenté par un sol ingrat, intoxiqué par les rejets puants des automobiles, il dressait, vaille que vaille, quelques rameaux décharnés et pitoyables.

*

J'ai dit que l'hôtesse m'accueillit comme un fils. Pourtant, le logement insalubre et exigu ne manquait pas d'occupants. Dès qu'une concierge signalait un chat en perdition vers le métro Plaisance, Jeanne n'avait de cesse qu'il vînt agrandir le cercle de famille. Nous avions le « Beau Gris », le « Beau Noir », la « Duchesse », « Poulpiquet », « Jocrisse », la « Queue coupée », la « Joconde », « Bichnec » et d'autres dont j'ai oublié le nom.

Un escalier coupe-gorge en colimaçon permettait, au prix de mille périls, d'accéder à la chambre du haut. A la tombée de la nuit, chaque marche logeait son pensionnaire, jaloux de ses quartiers. Jamais Poulpiquet n'aurait occupé la marche de Jocrisse. Il possédait la sienne qu'il aurait défendue de la griffe contre toute intrusion.

Les fugues, aux soirs de mai, provoquaient un cataclysme. Jusqu'à deux, trois heures du matin, Jeanne guettait le retour du libertin ou de la gourgandine avec un désespoir bruyant : des soupirs à réveiller le quartier.

Il y avait aussi « Doly », la chienne... et la cane légendaire qui ne survécut pas à l'épreuve de la première ponte.

Comment Jeanne pouvait-elle nourrir cette ménagerie avec le peu d'argent qui entrait à la maison ? Il y a là un mystère que je n'ai jamais éclairci, une sorte de miracle quotidien. Elle devait posséder un talisman, accéder aux grâces particulières de la Bonne Vierge des humains et des chats.

La Bonne Vierge, si elle parvenait *grosso modo* à remplir chichement nos écuelles, ne prémunissait pas toujours l'hôtesse contre les rugissements du poète.

— C'est de la merde ! Grosbidon, tu ne vas tout de même pas m'obliger à manger cette viande pourrie !

En vérité, Georges était très difficile. A l'écouter, il se serait nourri exclusivement de pâté, de poulet, de frites et de pâtes : denrées coûteuses, dont l'absence chronique laissait Jeanneton impuissante et désolée.

Bref, on me reçut à bras ouverts comme tout malheureux à deux ou quatre pattes... de plus, j'étais un ami de Georges. C'était là ma seule carte de visite, mais, dans le cœur de Jeanne, elle pesait très lourd.

Alors commença la grande disette. Les prières n'arrivaient plus à remplir le cabas.

La précarité de notre sort ne laissait pas Jo insensible. Au prix de décisions solennelles et d'efforts démesurés pour s'arracher du giron protecteur de l'Impasse, il essayait parfois de vendre ses poèmes. Après quelques timides tentatives dont il sortait proprement éconduit, il avait fini par décréter une fois pour toutes que le public n'avait pas de talent… et les éditeurs de musique moins que tout autre.

De temps en temps, il feignait la grande révolte. Dès le lendemain, c'était juré, on irait imposer ses chansons à Paul Beuscher ou dire son fait à cet imbécile. Tout cela restait à l'état de pieuse intention et n'ajoutait pas une noisette de margarine à notre pain.

Pendant ce temps, j'écrivais – probablement fort mal – un manifeste en faveur du mouvement préhistorique, dont Georges m'avait sacré à la fois fondateur, président et seul membre actif. Un titre m'avait alléché : *la Parabole des singes*. J'y dénonçais, en vingt-sept pages, la découverte du feu et le caractère diabolique de cette invention, premier maillon d'une série de catastrophes, baptisées « progrès », qui devaient conduire via la roue, le bronze et le fer, à la bombe atomique. Pierre noire, en quelque sorte, dans l'histoire de l'humanité. Je regardais ce long réquisitoire comme bien plus important que *le Capital, le Discours de la méthode* et l'appel du 18-Juin réunis.

Réduit à quelques feuillets par les contraintes de la composition, il ne passa que dans les pages intérieures du *Libertaire.* Georges encaissa mal le choc et j'écumai de rage. De plus, je fus caviardé par les stratèges de la rédaction. Ils s'arrangèrent pour infléchir ma chute, en faire un panégyrique en faveur de l'« organisation anarchiste » (deux mots inconciliables).

Il y avait certes du dilettantisme dans notre engagement, mais tout de même… Nous ne pûmes laisser passer l'outrage. Il sonna le glas de notre commerce avec les poseurs de bombes.

Du reste, pris par mon sujet, j'avais oublié que le feu était bien utile pour mitonner la blanquette de veau et réchauffer les soirs d'hiver.

Jo plaquait des accords, inventait des musiques, noircissait du papier. J'apprenais la syntaxe et fourbissais des gammes sur un autre instrument : une trompette en cuivre louée par Jeanneton. Il faut bien reconnaître que ces activités ne provoquaient pas l'enthousiasme des foules ; le pactole se faisait attendre. En gros et en forçant le trait, les jours fastes, nous mangions des nouilles à l'eau. Les jours de pénurie, nous étions au régime de l'eau sans nouilles.

Chacun comprendra que, fils unique de fonctionnaire poussé dans le douillet cocon familial, j'aie pu m'égratigner aux aspérités matérielles de l'Impasse. Je ne possédais du reste pas le feu intérieur qui habite les talents méconnus… et puis Georges n'était pas facile à vivre. Il avait certes des moments d'abandon, d'immense intimité, mais son exigence intellectuelle, son goût du burlesque, sa soif d'auditoire et d'approbation en faisaient souvent un emmerdeur de l'espèce la plus rare. Sans vouloir me draper dans les plis du souffre-douleur, il existait chez lui un besoin de tyrannie proprement détestable... Sa façon pudique d'aimer les gens. J'avoue qu'à cette époque, sa pudeur m'échappait. J'ai compris cela sur le tard.

Tout cela fit qu'un jour, un matin de décembre, sous prétexte d'aller embrasser mes parents pour Noël, je pris un train pour l'Est. Georges m'accompagna sur le quai de la gare pour la dernière fois... Je ne le savais pas, mais lui le sentit bien... Abandon du navire... Trahison sans excuse.

Si ma désertion n'était pas préméditée, les sermons paternels et la saveur du bifteck retrouvé en décidèrent autrement. Enfin, ne cachons rien ; quand je fus à bon port, était-ce vanité ou réaction humaine, il me sembla plus confortable d'être premier dans mon village que second à Rome.

Il écrivit *Corne d'aurochs.*

Je n'aurai pas l'outrecuidance de croire que cette pochade me fut consacrée... et c'est bien dommage. Il y a toujours quelque chose de flatteur lorsqu'un grand homme vous met en vedette, fût-ce au prix d'un ridicule qui ne tue plus grand-monde.

A une exception près, elle oncerne la Jeanne, tous ceux qui ont cru se reconnaître dans les chansons de Georges se sont foutus dedans. Seul le point de départ pouvait leur ressembler. C'est l'imagination qui prenait le relais, s'écartant du modèle.

Cette petite vengeance, sans lendemain, a donné une chanson qui n'est peut-être pas de ses meilleures, mais si j'en fus le prétexte, le développement me concerne bien peu. Ce sont, en vérité, tous les cornes d'aurochs, et Dieu sait s'il y en a, qui en ont pris pour leur grade.

Au reste, je ne fus pas le seul étrillé dans cette sombre affaire. Mon cousin, le flic, dut panser lui aussi quelques coups de caveçon. Il me semble équitable de le réhabiliter.

René Alquier devint mon parent par alliance en épousant une jolie cousine – presque germaine – aux environs de 1945 ; jouvencelle dont je fus un peu amoureux autour de mes quinze ans. C'est le lot des cousines.

Par amitié et aussi, ne le dissimulons pas, pour adoucir le régime permanent de carême qui sévissait chez Jeanne, j'allais de temps en temps dîner dans la famille. On y cuisine bien, c'est une tradition.

Alquier exerçait les fonctions d'inspecteur de police dans un commissariat de la banlieue parisienne. Il fut bien associé, de-ci, de-là, à la mise au cachot de quelque tire-laine ou d'un vide-gousset, mais le cœur n'y était pas. Ironie du sort, cet homme doux et paisible devait finir sa carrière à la brigade mobile de Paris, la brigade du Tigre !

Sous différents pseudonymes, il collaborait à des feuilles peu conformistes et y publiait, de la main gauche, des poésies légères, des contes salaces qui eussent justifié l'intervention de sa main droite – investie par la loi – pour protéger la morale publique. Enfin, il écrivait des textes de chansons. Et Bourvil, dont il devint l'ami, en interpréta plusieurs avec son immense talent, entre autres *A bicyclette*, une bluette roulante et… increvable.

Georges eut tort de brocarder l'assistance qu'il me porta en ces temps difficiles. Un bon repas sur vingt ne changeait rien au destin famélique de l'Impasse et ne ternissait pas la qualité de ce flic exceptionnel qui s'arrangeait pour me laisser gagner au poker – lui, le spécialiste du saut de coupe –, afin de m'assurer le prix du retour en métro et le tabac du lendemain.

Il vit aujourd'hui retiré à Toulouse dont il connaît à merveille l'histoire, les vieilles portes et les arcanes les plus mystérieux.

Bon pied, bon œil, bon bec, il courtise toujours la muse, savoure dans le texte les poètes occitans et… admire Brassens.

Je reviens un instant sur le « Corne d'aurochs », objet du plaidoyer. Je sais que Georges a été ulcéré de ma désertion fin 1947. Si ce ressentiment l'a un peu inspiré, il n'en est pas moins vrai qu'il a bien ri en alignant les strophes. J'ai l'audace d'ajouter qu'il ne me prenait pas pour un con au point de croire que j'en serais fâché… J'en terminerais en disant que si Georges, par goût du burlesque, en a pris à son aise avec la caricature, il s'est lourdement fourvoyé en matière de prophétie. Il me paraît en effet tout à fait improbable que l'État m'honore de funérailles nationales. Quant à ma veuve, s'il n'est pas exclu qu'« elle couche avec mon remplaçant », je doute qu'à soixante-dix ans passés elle gémisse un tant soit peu… sauf peut-être de confusion. Ce qui, tout bien pesé, m'autorise à arborer ce « Corne d'aurochs » comme une légion d'honneur.

13

Les bons enfants D'la rue de Vanves à la Gaîté...

L'Impasse ne comptait pas, parmi les visiteurs, de têtes couronnées – princes du music-hall – ni d'auteurs à succès.

Quelques traîne-savates, des anars au grand cœur n'ayant pour tout bagage que leur immense foi et un peu de talent, passaient le portillon. Ainsi Marcel Lepoil.

Le chapeau en bataille, la cravate en tortillon, il traînait avec lui une lourde serviette bourrée de manuscrits. Tribun intarissable, on lui disait bonjour, il assurait la suite. Même Georges, en expert consommé pour voler sans façon votre temps de parole, ne plaçait plus un mot... sinon pour approuver. Seuls Louise Michel et le génial Proudhon avaient voix au chapitre.

Il ne nous quittait pas sans avoir déposé des monceaux de papiers par ailleurs illisibles. On les laissait tels quels, geste sans conséquence car, trois jours écoulés, notre ami était là pour en apporter d'autres et semer le bon grain.

Jeanne aimait bien Lepoil. Il portait des bonbons et caressait les chats... le critère essentiel.

Venait Armand Robin.

Il encombrait la cour, déjà bien exiguë, d'une énorme moto.

Grand bébé blond joufflu, fagoté à la diable dans les surplus américains, il abritait un regard de myope derrière ses verres-loupes, clignant les yeux comme un hibou surpris par le soleil. Peu loquace, il plaçait de temps à autre quelques mots d'un humour grinçant. Il est vrai que Georges, emporté par ses fougueuses périodes, ne lui laissait guère le loisir de se montrer disert.

Leur dialogue me dépassait. Ces forcenés de culture poétique se renvoyaient maximes et citations. Je ne m'en mêlais pas... peur de prendre un peu trop le Pirée pour un homme. Je prenais ma revanche quand Georges décrochait sa guitare, un terrain sur lequel Robin traînait les pieds, ses connaissances en harmonie n'excédant pas le répertoire des rondes enfantines.

Nous avions dû le rencontrer chez les « anars », mais, s'il nourrissait de la sympathie pour cette faune, il se tenait soigneusement à l'écart de tout engagement. Cette répugnance à l'endroit des philosophies associatives tournait à l'obsession de l'anti-tout et lui servait de matériau pour bâtir sa légende.

Il poursuivait un mythe, cultivait l'idée fixe : se porter candidat à toute liste noire des écrivains suspects. Sans exiger d'être inscrit en tête, il eût considéré comme affront personnel de n'y pas figurer, parlait plus de vingt langues : le russe, le chinois, le bantou, peut-être le sanscrit, traduisait Pasternak.

Ami déconcertant, quand il nous recevait, il n'ouvrait son logis – tout près de Vaugirard – qu'à l'heure convenue. Arrivés en avance, on eût sonné en vain. Il ne nous restait plus qu'à attendre, assis dans l'escalier, qu'il déverrouillât l'huis avec la précision d'un chronomètre suisse.

Sa chambre d'étudiant faisait penser aux puces : livres jusqu'au plafond, des lames de ressort, garde-boue de vélo, lampadaires divers. Des postes de radio, des cadrans, des boutons avaient pris possession des places disponibles. Il traduisait, disait-on, pour différents journaux et quelques ambassades les voix du monde entier.

J'ai appris bien plus tard qu'on l'avait retrouvé, un gros trou dans la tête. Y a-t-il eu une relation ? Le silence officiel pousse à s'interroger.

A l'endroit de Robin, Jeanne était plus rétive. Toujours dans les nuages, il manquait d'attentions pour la ménagerie... insigne maladresse.

Ce cher André Larue (Plésiosaure indécis), assidu à l'Impasse, apportait, avec sa grande taille, un profil de jeune proconsul romain et des manières de gentleman.

Georges l'avait découvert à Basdorf.

Requis pour le travail obligatoire par les enragés de l'Europe nouvelle, ils officiaient tous deux dans les moteurs d'avion ; contrôleurs de cylindres. Ignorant le palmer et le pied à coulisse, ils estimaient à l'œil la rigueur d'ajustage. Les joyeux aviateurs de l'espiègle Luftwaffe, dont les engins subirent ce minutieux contrôle, ne devaient pas tarder à en mourir de rire. Dès qu'ils étaient en l'air, leur moteur explosait.

Au-delà de leur passion commune pour la précision mécanique, André Larue et Georges étaient tombés d'accord sur leurs goûts artistiques. De retour à Paris, ils les mirent en commun.

Notre ami trouvait Jeanne plutôt réticente à son endroit. Bien que flattée d'accueillir sous son toit ce garçon cultivé, aux allures très XVIe arrondissement, elle ne l'en suspectait pas moins de haute trahison. Elle n'en démordait pas : André favorisait, derrière un écran de fumée littéraire, les escapades (adultérines) de son futur grand homme… un crime inexpiable.

Georges avait beau défendre l'innocent.

— Enfin, Jeanne, nom de Dieu ! André est tout de même un type bien…

Elle « groumait » derechef en tirant son aiguille.

Journaliste né, Larue nous permit durant quelques mois de caresser une chimère : la création d'un brûlot hebdomadaire destiné à propager, *urbi et orbi*, nos foudres célestes contre le conformisme bourgeois. Par révérence envers Richepin, chantre des miséreux, pourfendeur d'injustices, le titre allait de soi. Ce fut *le Cri des gueux*.

Je ne sais pas si André avait été élevé par les méthodistes, mais je sais qu'il avait milité chez les boy-scouts. Il en avait gardé un sens de l'organisation qui le désignait d'office pour débusquer un commanditaire. Eut-il affaire à des bailleurs sans fonds ou à des financiers prudents, toujours est-il que, sa démarche contrariée, ce *Cri* nous resta dans la gorge.

L'échec fut peut-être salutaire à Georges.

Sans ce nouveau déboire, il eût pu tout aussi bien blanchir à l'ombre des rotatives et s'étioler en des polémiques sans intérêt. En somme, la défection de la presse nous ménageait les fleurons qu'il devait apporter à la poésie.

Quant à André Larue, il allait réussir. Faute de trouver une tribune à nos hurlements d'écorchés, il céda sans vergogne aux soupirs des concierges. Il a occupé, jusqu'à la retraite, un poste éminent à la rédaction de *France-Dimanche*. Il y a sublimé le petit cœur de Stéphanie de Monaco et fait pleurer Margot aux bonheurs de Johnny... Il fallait bien payer l'entrecôte. Soit dit sans moquerie, car j'ai dû subsister pendant plus de trente ans en vendant du shampoing aux prétendus coiffeurs. Ce qui n'était guère plus honorable. Ainsi en jugeait Georges.

*

Puis, sporadiquement, on voyait apparaître un produit du Lyonnais. C'est Roger Toussenot qui poussait le portail.

Garçon bien élevé, chouchou de Grosbidon, il avait sa recette, apportait un paquet de reliefs pour les chats et des bonbons fourrés dont raffolait l'hôtesse.

Grâce à lui, on goûtait un tout autre menu : Gide, Rilke, Kafka. « Riche de son regard » beaucoup plus que des choses, cet orfèvre du verbe ciselait chaque mot. Georges lui doit un peu... et peut-être un peu plus.

Un front démesuré, un regard tour à tour douloureux, ironique, il s'efforçait de dissimuler sous un humour féroce une nature maladive et angoissée.

En matière de philosophie, Roger avait tout lu. Quant à ses jugements littéraires, fouillés, acérés, ils transperçaient l'auteur. Une connaissance époustouflante du cinéma, ainsi que la fulgurance de ses critiques, lui avaient valu la sympathie d'Abel Gance et d'Epstein avec lesquels il échangeait une chaleureuse correspondance. Louis Lecoin s'honorait d'être de ses amis.

Reconnu par les grands marginaux, il était, cela va de soi, méprisé par les béni-oui-oui profiteurs du système. Qu'à partir de là Georges lui eût donné son amitié n'avait rien d'étonnant.

Toussenot avait le culte de cette amitié. Avec une extrême gentillesse, une présence discrète, un dévouement sans limites, il assistait ceux qu'il aimait sans souci de son propre bien-être. Georges le lui rendait bien. Avec ce regard lourd qui trouvait le joyau au milieu du clinquant, il avait vu en lui l'ami et le penseur.

S'il y eut des divergences entre Roger et Georges, elles n'ont pas dépassé le niveau des apparences. Georges était intuitif, Toussenot raisonneur, mais ils se rejoignaient même s'ils empruntaient des chemins différents. Quant à leur amitié, elle n'en souffrit jamais. Si Georges, sur le tard, prit avec Toussenot (ainsi qu'avec moi-même) des distances matérielles, ce n'est, me semble-t-il, qu'en raison des contraintes imposées au statut de vedette. De plus, l'amitié liée avec de merveilleux artistes, tels Bourvil, Brel, Ventura, dont les qualités humaines égalaient le talent, et puis Fallet, Tillieu, Nucéra et bien d'autres, cette amitié, dis-je, réclamait sa place dans un temps malheureusement pas extensible. Et puis, la vie est là, qui vous emporte... Autant il nous fut facile de focaliser sur le soleil, autant il eut de mérite à ne pas oublier les étoiles de deuxième grandeur.

Lorsque nous enterrâmes Roger en 1964, toutes affaires cessantes, Georges vint de Paris. Il se trouva confronté à la détresse des parents Toussenot, retraités aux modestes ressources, angoissés à l'idée de ne pouvoir donner à leur fils une sépulture décente. Georges piqua son bœuf – une sainte colère jaillie du fond des tripes.

— On ne va tout de même pas laisser ces pauvres gens s'emmerder pour quelques milliers de francs !

Il se tourna vers Onténiente, gardien de son chéquier.

— Pierre, tu fais le nécessaire... tu n'as qu'à tout régler !

Voilà monsieur Brassens.

Au fond du cimetière, nous étions dix couillons parmi d'autres fidèles. Bien avant la « dernière pelletée », deux petites musiques nous trottaient dans la tête : *le Bal des Quat'z'arts* et puis *Mon vieux Léon.*

Toussenot survivait dans un emploi obscur. Tout en bas de l'échelle, il relevait les compteurs au service des eaux. La hiérarchie obtuse ignora sa valeur. Elle ne saura jamais quel talent il avait, jusqu'au jour, qui viendra, où son œuvre inédite sortira des tiroirs.

Elle fera du bruit.

Il est mort un dimanche, un trou dans l'estomac, victime des chacals, des loups, des imbéciles, mais entouré par Georges et les « copains d'abord ».

Ainsi vivait l'Impasse avant les grandes eaux.

Les amis, vrais ou faux, ne s'y bousculaient pas.

*

L'impasse Florimont débouchait en sifflet sur la rue d'Alésia.

Ses pavés inégaux, sa lanterne carrée à l'éclairage chiche évoquaient un Paris cher à François Villon, « à la pomme de pin ». Cet étroit boyau, étouffé par des maisons lépreuses, suintait le moisi, transpirait l'indigence. D'un portillon rouillé on accédait chez Jeanne, maîtresse de ces lieux.

Georges avait connu Jeanne à la fin 1943 quand elle cousait des robes pour la tante Antoinette. Il avait vingt-deux ans. Elle en annonçait quarante... Coquetterie à part, il fallait ajouter quatre ou cinq ans de plus.

Mes voyages à Paris se trouvant à cette époque très espacés, je ne l'ai vraiment connue qu'en août 1946, alors qu'elle avait beaucoup perdu de son éclat.

Georges affirmait qu'elle avait été belle. De fait, lorsque je l'ai rencontrée, ses yeux bleus admirables, son profil régulier et sa taille bien prise faisaient presque oublier le teint parcheminé et les cheveux blanchis. Elle était restée si svelte que, par goût de la litote, Georges l'avait surnommée Grosbidon.

A la vérité, comme ces femmes bretonnes usées dans leur jeunesse par un trop dur travail, elle avait vieilli vite. Trop vite pour retenir Brassens par un attrait physique.

Ma présence à l'Impasse coïncida sans doute avec la fin d'une passion, mais je suis resté le témoin de la fidélité dans l'affection filiale.

*

Née dans les Côtes-du-Nord, du côté de Lanvollon, Jeanne avait gardé de ses origines celtes un entêtement forcené, des pulsions affectives incontrôlables, des répulsions sans appel, des calculs déroutants et des générosités démentielles... ce petit grain de folie qu'on retrouve dans le Finistère, le Morbihan et qui fait le charme si attachant des gens de là-bas. Elle brûlait d'une jalousie féroce mais, chez cette femme sans enfant, ce brasier ressemblait davantage à la possession viscérale d'une mère qu'au dépit d'une amante délaissée.

Ce cocktail explosif me désorientait. Il fallait que Georges me répète :

— Jeanne est folle, entends-tu, fol-le ! mets-toi bien ça dans la tête... counifle !

Je finissais par m'en persuader, d'autant que Jo avait toujours eu le don d'attirer les fous comme le gland du chêne attire l'écureuil.

Dès que son chanteur-poète apporta un peu d'argent, elle acheta un linoléum pour cacher le délabrement du plancher. Puis, une fois ce revêtement défraîchi, elle en acquit un deuxième pour masquer le premier. Suivit un troisième et, de fil en aiguille, elle superposa tant de couches en plastique que le sol incertain rendait la marche difficile.

C'est une fantaisie au milieu de bien d'autres qui dépeint Jeanneton.

Georges, lui, conserva et garda pour l'Impasse un lien ombilical presque superstitieux... « J'aurais jamais dû m'éloigner de mon arbre. »

Pour lui, les êtres chers, les objets familiers relevaient du sacré, caisse de résonance de la langue des dieux. Déserter son terrier eût provoqué le pire, tué l'inspiration. Pour qu'il cessât d'y revenir, il fallut que Grosbidon perdît ses deux derniers sous de bon sens en tombant amoureuse et en épousant à soixante-dix ans un farfelu du même acabit... de trente ans son cadet.

Pièce essentielle de la mythologie Brassens, Jeanne est aujourd'hui et à jamais :

La p'tit'sœur des pauvres de nous,
Dans le guignon toujours présente.

Par un don singulier, Jeanne parlait chat.

J'entends par là qu'elle parlait chat couramment. Elle possédait une parfaite maîtrise de la langue, y compris les dialectes.

Une grande subtilité de nuances intervenait dans son vocabulaire, suivant qu'elle s'adressait au « Bichnec », natif de Landivisiau, à la « Queue coupée », pétroleuse de barrière, ou à la « Duchesse », descendante d'ancêtres blasonnés. Cela partait d'une sorte de gazouillis pour s'achever en ronrons de gorge. En prêtant bien l'oreille, on pouvait discerner au passage l'étrange sonorité de syllabes bretonnes, ce qui, à mon sens, ne laisse planer aucun doute sur les origines lointaines de l'espèce.

Les chats lui répondaient. La clarté évidente du dialogue ne provoquait certes pas une obéissance absolue des sujets, mais il faut convenir, à la décharge de la troupe, qu'outre l'humidité, l'Impasse suintait d'un esprit libertaire dont les chats s'imprégnaient. Notre ferveur pour Bakounine, Kropotkine, l'héroïque Vaillant se fut mal accordée d'un goût pour l'esclavage... Il faut de la logique.

Georges, lui aussi, parlait chat… mais un chat littéraire. Il était moins compris. Dans son irritation, il recourait parfois aux mauvais arguments, leur mordait les oreilles… jusqu'au jour où la griffe endommagea son nez.

Doly, « douce poupée », « blonde hétaïre » et chienne de ruisseau, était plus conciliante. Georges l'avait élevée à la dignité de souffre-douleur favori. Il lui mordait la queue. Elle s'indignait alors en piaulements aigus, mais ne se vengeait pas… pas plus que les amis, sur qui Georges essayait quelquefois ses canines.

Enfin, pour compléter le croquis de l'Impasse, Jeanne, entre plusieurs langues, entendait le canard.

Elle était polyglotte.

14

Mon prince, on a les dames du temps jadis qu'on peut...

Un jour de verve, Georges m'habilla d'un nouveau surnom. Venu de ma campagne, j'estimais capital d'imiter les dandys. Jo savait son *Littré.* Il trouva le mot juste, m'appela... « Cocodés ».

Mon élégance vestimentaire affectée le peinait franchement. Georges hochait la tête avec tristesse. Selon lui, le dialogue quotidien avec Nerval et Apollinaire aurait dû me conduire vers d'autres sommets ; j'étais un Brummell de pacotille.

Ajustant le nœud de cravate suivant un biais étudié, triples semelles – vestiges de la complaisance maternelle –, j'affichais les restes d'une ancienne splendeur. Une brève carrière dans les assurances se trouvait à l'origine de cette fortune éphémère ; j'avais proposé un contrat à de pauvres bougres qui n'avaient pas su dire non. On ne pouvait néanmoins me confondre avec un zazou de Passy. Mais, vivant d'illusions, toupet ébouriffé, je chantais Johnny Hess et déjà Aznavour, bien qu'il fût peu connu, en rythmant du pied droit. Au fond, ce « Cocodés », il n'était pas volé.

Écoutez Georges mimant un perroquet sarcastique sur un accord de septième diminué :

— Cocodés ! Cocodés !...

Son œil sombre de réprobation impuissante... Affectueusement, je le décevais. En outre, ne me refusant rien, je guignais ses conquêtes. Pourquoi lui ? Pourquoi elles ?

La petite Simone, rue de Gergovie...

Gentille bourgeoise consentante à l'impudeur des cinq-à-sept. Avec son accord, Georges me l'eût volontiers abandonnée. D'autant qu'il supportait mal son bricoleur de mari...

C'est ici qu'interviennent les fous qui ont harcelé Jo. J'en ai parlé plus haut, ils ont marqué son œuvre.

Le mari de Simone, que je viens d'évoquer, n'avait qu'une marotte : le coffret à outils.

Artiste du burin et du ciseau à bois, il transformait tout avec l'obstination aveugle d'un cheval de labour, des objets les plus indispensables aux accessoires les plus inutiles. Portes, serrures, placards, rien ne lui résistait. Il jonglait avec le courant électrique, changeait la forme des clous, sciait, soudait à perdre haleine.

Dès potron-minet, l'étage résonnait de coups, de grincements. Quand il ne vibrait pas au ronron de la perceuse, il chuintait au son du chalumeau. Puis, le soir revenu, de retour de son bureau, limes, bouvets, marteaux enchaînaient leurs refrains. De l'aveu de Simone, il se levait même à la chandelle pour revoir ses croquis. Les dimanches, surtout, étaient terrifiants. Hormis le sourd du cinquième étage, les voisins avaient dû consentir d'énormes sacrifices pour accéder à la résidence secondaire. Là, du moins, ils ne supportaient que les tondeuses à gazon.

Pour simplifier, il compliquait. Il n'avait de cesse que l'instrument en état de marche ne devînt un hybride inutilisable. Alors il se rengorgeait... sa récompense.

Lorsqu'il parlait de lui, Jo disait le « Beau Coq ».

Je vois dans ce surnom la marque indiscutable d'une subtilité qui eût désorienté le champion du rabot. L'appeler « beau cocu », ce qui eût coulé de source, fut demeuré banal et irrévérencieux. Le « Beau Coq », au contraire, comporte une nuance : son état de cocu s'y trouve en abrégé et son ostentation de bricoleur génial y est mise en relief.

On daubait sur le soin jaloux qu'il prenait de son matériel. Il eût été plus équitable de le remercier pour s'être révélé la source d'une inspiration que le lecteur reconnaîtra au passage.

Mon Dieu, quel bonheur ! Mon Dieu quel bonheur
D'avoir un mari qui bricole !

La pauvre Simone, un peu délaissée au profit du vilebrequin, tomba dans les bras de Georges. En dépit de nos tentatives hypocrites pour qu'elle rejoignît aussi les miens, elle devait y demeurer pour quelque temps.

*

Il y eut aussi la petite Jo ; une mineure exaltée. Josiane, son prénom officiel.

Georges l'avait rencontrée sur le quai de la station Cambronne. Déchaussée, elle frappait furieusement le banc avec son soulier pour consolider une semelle défaillante.

Bouleversé par le côté surréaliste de la scène, Georges n'hésita pas : cette fille avait du génie… Pour le génie – en tout genre –, il ne fut pas déçu. Elle devait aller bien au-delà de ses espérances.

Je n'entrerai pas dans les détails de cette liaison tumultueuse. Si, au sens propre, André Larue n'a pas défloré le sujet, il se débattit néanmoins au cœur de l'aventure et en a conté par le menu les méandres rocambolesques[1].

Disons que la petite merveille était « complètement frapadingue ». Ainsi s'exprimait Georges, épouvanté par ses débordements.

Nymphomane, mythomane, kleptomane, elle conclut leur roman d'amour en lui décochant un sévère coup de pied de Vénus, qu'elle-même avait encaissé la veille dans un hôtel de passe.

Afin de ne pas laisser en friche son talent littéraire et d'épanouir cette riche nature, Georges m'avait mis en relation d'écriture avec sa protégée. Selon lui, la petite Jo pouvait, à travers ses exercices de style, arrondir son vocabulaire, perfectionner sa syntaxe et, partant, faire péter la bombe au nez des éditeurs.

La mèche fit long feu et la bombe fusa. Notre échange accoucha de soupirs besogneux, qui ne devaient pas enchérir sur madame Sagan, sa libido de luxe aux amphétamines, pas plus du reste que sur les phantasmes lubriques de Marguerite Duras. Par chance, les gonocoques ne se transmettent pas par le canal de la prose, si bien balancée soit-elle. Son

1. *Brassens ou la mauvaise herbe*, *op. cit.*

amant de papier fut ainsi épargné. Qu'est-elle devenue ? Il semblerait qu'un destin original se fût calqué sur sa personnalité fantasque. Nous sûmes la suite de ses tribulations par André Larue qui, en qualité de journaliste accrédité par la préfecture de police, avait, Quai des Orfèvres, ses entrées et ses amitiés dans tous les rouages de la mécanique « poulardine ». C'est là qu'il fut mis en présence d'une carte officielle, laquelle, avec la tolérance des « mœurs », permettait à la petite Jo de « chasser l'mâle aux alentours de la Mad'leine »... Bref, de faire un peu la pute. Mais « rien n'est jamais acquis », nous affirme Aragon. Gibraltar ne l'avait pas tout à fait perdue de vue. Il m'a dit récemment qu'elle s'était convertie en épouse modèle, mère de famille respectable, pas encore chaisière à Saint-Augustin, mais c'est en bonne voie. Ce qui montre que la fréquentation de Brassens mène à tout, à condition d'y rester ou d'en sortir.

Mais revenons à l'impasse. En ce temps-là, le plus clair de mon assistance se borna à lui procurer du tabac. Elle devait y recourir sans scrupule.

Il ne faut pas escamoter le rôle du tabac en ces temps difficiles. Georges en faisait une énorme consommation ; dès cinq heures du matin, en polissant ses rimes, cet animal bourrait pipe sur pipe. Dans le contexte des années 43-44, il entretenait là un vice préoccupant.

Il faut préciser, pour éclairer les générations actuelles, que le maréchal Pétain réservait à l'occupant l'essentiel de notre herbe à Nicot. Lui-même ne fumait plus que des cigarillos. Afin de partager son infortune, le malheureux occupé ne touchait que deux paquets tous les dix jours, dotation ridicule pour soutenir l'inspiration des poètes…

Pour ne pas rester court entre deux acrostiches, Georges engloutissait tout ; sa propre attribution, la ration de Marcel et le tabac de Chine récupéré par Jeanne. Il avait beau scier le fourneau de ses pipes pour freiner la débauche, c'était un puits sans fond.

Grâce au ciel, je fus en mesure d'apporter ma modeste contribution à l'opium du talent. En ces années terribles, mes parents et moi résidions dans le département de l'Aube. Mon père y représentait, à l'échelon cantonal, l'administration des contributions indirectes et, à ce titre, tenait la haute main sur les stocks de perlot.

Haute main pour de basses œuvres… il faut en convenir. Outre les fausses cartes aux résistants fumeurs, la dure loi du troc entamait les réserves ; du lard pour vingt gauloises, beurre contre cigares et du gris pour des œufs… de sérieuses ponctions. La balance des comptes, au bilan mensuel, cachait pieusement les coupes les plus claires. Pour faire bonne mesure, chaque buraliste, affamé lui aussi, sauvait la maintenance en jonglant sur l'avoir… On devine la suite : un jour il n'y eut plus rien.

C'est le père Mignard, un marchand de tabac du bourg de Landreville, qui eut l'idée géniale. Justice lui soit rendue.

Sur le coup de minuit, poussant des cris de paon, il sortit en chemise :

— Au voleur ! au voleur ! Le maquis m'a pillé !!!

Le village en émoi, garant de ce hold-up, jura comme un seul homme. On avait tout noté : effectif de la troupe, âge du capitaine, calibre des fusils. Témoignages en béton.

L'agressé fit école et, l'un complétant l'autre, mon père renfloua le navire en détresse en obtenant l'octroi d'une réserve neuve… jusqu'au prochain grand frais.

Je confesse, non sans humilité, avoir contribué à ce sabotage de l'économie nationale pour aider Georges à pétuner sans retenue. Il me sera beaucoup pardonné : c'était la bonne cause.

Le pire, ce fut Maria. Georges l'avait surnommée le « Succube ».

Encore l'inspiration… mais, cette fois, une redoutable précision justifiait l'étiquette.

L'œil fixe et fiévreux de la *pasionaria*, profil en lame de couteau, lèvres minces au dessin torturé, coiffée, vêtue à la diable, l'élégance n'était pas son fort. Fréquentant un peu le milieu anarchiste où Georges l'avait rencontrée, elle épousa la sainte cause pour en faire son dieu.

Elle disposait d'un vocabulaire restreint, mais ingérait, avec une boulimie surprenante, des himalayas de dialectique engagée. De ce zèle attendrissant, elle ne tirait qu'une compréhension approximative et, par une curieuse alchimie, régurgitait les plus étranges conclusions.

— Tais-toi, Maria, bougonnait Georges, tu dis des conneries !

Loin de la décourager, la parole de Dieu redoublait sa fringale. Elle se devait de mériter sa couche.

Maria devait le poursuivre pendant une année entière, avec une frénésie comparable à celle que dut déployer Phèdre à l'endroit d'Hippolyte. Comme dans la tragédie antique, elle ne fut, hélas ! pas payée de retour. Si Georges nourrissait pour elle quelque tendresse platonique, il repoussait gentiment d'autres formes d'assauts ; Maria ne collait pas du tout avec son type. De plus, sans aller jusqu'à la dire folle, Jo affirmait à travers son comportement excessif qu'elle était « touchée par la grâce ».

Il s'en sortait avec adresse. Pour canaliser cette fureur idolâtre, il l'orientait vers ses amis en retard d'affection. Par dévotion, elle couchait avec tout ce qu'il proposait : Renot, le peintre béquillard, Lepoil, théoricien infatigable du grand soir... Jusqu'à Armand Robin, qui dut saisir l'aubaine entre deux traductions de Pasternak. Si Georges le lui avait demandé, elle eût dévergondé la reine d'Angleterre et poussé à la dissipation notre Saint Père le pape. Dieu merci, pour une fois, il manqua d'imagination ou négligea d'impliquer Maria dans ces extrémités. De sorte que la vertu de Sa Gracieuse Majesté ne subit nul outrage et qu'il n'y eut pas lieu de mobiliser la garde suisse du Vatican.

En revanche, Georges me la fit rencontrer. Ce fut la catastrophe. Un nouveau mais sévère coup de foudre. J'en perdis le boire, le manger et bientôt le sommeil. Au demeurant, l'affaire faillit mal tourner.

Pour faire de la peine à Georges et se venger de son indifférence, un beau matin, le « Succube » décida de me supprimer. A cet effet, Maria avait emporté dans son sac des lames de rasoir. Il s'agissait, ni plus ni moins, de me couper quelque chose de vital. Quoi ? La seule question me fait encore frémir... Elle dut abandonner son projet et, fort heureusement, je demeurais intact.

Nous n'avons jamais eu la moindre nouvelle de Maria. Il semble qu'elle se soit évaporée. Sa dignité farouche l'a peut-être poussée au refus de grossir la cohorte des courtisans, lorsque Georges grimpait vers les sommets de la gloire. Son physique fragile n'a peut-être pas résisté aux cyclones intérieurs qui ravageaient son ciel quotidien... Je ne serais pas surpris qu'elle fût partie en croisière sur la barque à Caron. On t'aimait bien, Maria !

15

Refusant d'acquitter la rançon de la gloire, Sur mon brin de laurier, je m'endors comme un loir

A chacun sa folie. La folie de Brassens s'appelait la musique. Elle seule comptait. Il a fallu longtemps, même aux gens éclairés, pour voir cette évidence. Dans un tout premier temps, on n'a vu que les textes. On l'a sacré poète sans bien se rendre compte d'où venait cette grâce. Elle procédait des mots. La musique des mots, tout aussi importante que celle des chansons. Là était son génie.

J'irai même plus loin : si la pensée, chez Georges, sous-tend toujours le mot, la musique du mot précède l'écriture. Pour avoir assisté à la naissance de plus de cent poèmes, telle est ma conviction.

Quant à la mélodie, les accords fabuleux qui soutiennent les vers, ce n'est pas par hasard, ainsi qu'on l'a écrit, si de grands musiciens ont emprunté ses thèmes.

Mais laissons l'exégèse aux gens plus compétents. On en a trop usé. Un exemple entre vingt.

Rien ne fut épargné à son goût débridé pour la scatologie. L'explication de texte en a fait ses choux gras. C'était beaucoup plus simple : Georges aimait rigoler. Rire sain, truculent, évoquant Rabelais, ce maître ès-bonne humeur.

Il mit de la musique sur un petit chef-d'œuvre du grand Alcofribas, mais ne put le chanter (langue peu accessible). Je cite de mémoire :

En chiant, l'autre hier, sentis
La gabelle qu'à mon cul dois.
L'odeur fut autre que cuidois,
J'en fus du tout empuanti,
En chiant.

Est-il permis d'ajouter qu'en tenant ce langage, il n'eut jamais l'idée qu'on pût le voir vulgaire, car il ne l'était pas. Ceux qui ont pu en douter ont ouï de travers. Gide aurait pu l'écrire : si « la richesse est dans le regard », le vulgaire, parfois, réside dans l'oreille...

*

Georges ne s'éloigna jamais de ses culottes courtes, de son jardin secret. C'était sa protection, fontaine de jouvence où se désaltérer, où puiser ses émois.

On prétend que dans l'homme on retrouve l'enfant et que l'enfant contient les promesses de l'homme... Mélange déroutant, formé d'adolescence et de maturité, rien ne l'illustre mieux que Brassens à trente ans, son amour du clocher où il avait grandi, la trace de ses pas, le parfum du passé et la fidélité aux amis de jadis... Delpont au premier rang dans le clan des Sétois.

Son talent reconnu, le succès affirmé, lorsqu'on se rencontrait au hasard des galas à de longs intervalles, il revenait sans cesse sur nos jeunes années, me montrait des photos, parlait des quatre cents coups qui tissèrent nos joies. Il me le confia :

— J'ai failli acheter les Chantiers généraux.

Cette usine à bateaux, sise au bord de l'étang, avait joué un rôle dans nos plaisirs d'alors. Elle fut désaffectée en 1932. Presque démantelée, ses murs quasi déserts nous offraient un asile. On pouvait s'y ébattre à l'abri des fâcheux. Tout nous y passionnait : les grues, les ponts roulants, les bureaux délabrés. On en fit nos quartiers. On s'y sentait chez nous.

Dans le désir de Georges, exprimé bien plus tard, on retrouve le gosse lié à ces moments de bonheur enfantin.

La barque de pêcheur qu'il eut à quarante ans, il en rêvait à quinze.

*

Enfant gâté, baigné dans la tendresse d'une mère exclusive, il resta capricieux, simulateur, quelquefois rancunier. Le cocon maternel en avait fait un passif.

Vulnérable, démuni devant les contraintes matérielles, il se payait d'un mot : « Ça n'a pas d'importance. »

La vie le prit en charge et c'est un grand bonheur. Les dieux veillaient sur lui. La fée sécurité se tint à son chevet. Sans Simone, Antoinette et Jeanne la Bretonne, qu'eût-il fait de ses dons ?

La gloire vint à lui sans qu'il s'en occupât... les femmes, les amis : un peu comme son dû. Il semble que le sort, conscient de son talent, ait écarté de lui les obstacles majeurs, l'ait laissé vivre en paix ;

qu'il joue avec les mots, qu'il joue avec les notes, comme vingt ans plus tôt avec un parapluie ou avec son chariot.

La plupart des enfants ont peur de l'inconnu. Chez Georges, ce travers touchait au paroxysme. L'inconnu de la foule, l'inconnu du public, même du vis-à-vis, le recroquevillait. Qu'il eût pris la distance, alors tout s'éclairait. Drôle, cocasse, burlesque, il tenait l'avant-scène, pétillant d'un humour à nul autre pareil.

On lui a reproché son approche bougonne, un ton d'ours mal léché. Les leçons de maintien de Lady Patachou, qui eut l'immense mérite de découvrir Brassens, ont pu jouer un rôle. Le mépris souverain qu'elle ne cachait pas trop figurait à ses cours. Si, dans un premier temps, Georges en fit son bréviaire, c'est par commodité. Sous un air rebutant, bâtissant la légende, il ne cachait au fond qu'une peur viscérale. Lorsqu'on l'apprivoisait, la crainte s'enfuyait. On découvrait alors le Brassens véritable et aussi son sourire, de charme et de bonté.

Je me souviens d'un soir, début 1952, vers la place du Tertre. Georges faisait ses premières armes au cabaret de la « Tyrannette ». Ainsi avait-il baptisé l'hôtesse de ces lieux. Les premières photos de la vedette en herbe s'étalaient sur les kiosques, sur les murs du métro.

J'assistai au spectacle puis, après un souper avec les musiciens, je raccompagnai Jo qui dormait à l'Impasse. Dans un bistrot ouvert, on prit un dernier verre. J'appelai le garçon, mis la main à la poche. Brassens me devança. Avec l'air magnanime, un rien condescendant.

— Laisse, dit-il, j'ai encore des petites coupures...

Revanche des jours noirs, apprentissage de la fortune. Vous avez lu « coupures »... Un mot nouveau venait d'entrer dans son vocabulaire.

*

Un ami de Brassens, de plus récente date, me posa la question :

— Georges avait-il changé ?

Je répondis :

— Bien sûr... par les rides de l'âge.

Pas seulement les rides... qui donc ne change pas ? Disons que s'il changea, c'est en s'améliorant. Plus prudent, plus discret... responsable. Le commerce des hommes devenait difficile quand, tout autour de lui, les intérêts en jeu se comptaient en francs lourds. Logique évolution imposée par la vie...

Sa nature foncière devait rester la même. Voyez ce que j'écrivais à André Tillieu l'été dernier :

> *« Par ailleurs, tes remarques sont frappées au coin du bon sens ; il est certain que nous n'avons pas connu le même Brassens. Moins sur le fond que dans la forme. L'image représentative du Brassens dont je suis le plus proche est contenue dans le microsillon des chansons de sa jeunesse... Pour l'excellente raison qu'elle correspond à ma propre jeunesse... Et puis, on y trouve les imperfections, les fautes de goût, bref, les travers qui vous rendent un être plus cher que ses qualités. C'est bien connu, les travers d'autrui restent la meilleure excuse de nos propres défauts... Ils sont là, tout exprès, pour nous donner meilleure conscience. Plus tard, l'immensité de son talent et un travail acharné ont creusé la différence ; je restais un petit amateur, plus ou moins éclairé, réduit au*

souvenir d'une amitié plus égalitaire et à une admiration sans borne. Je t'approuve néanmoins sans réserve, lorsque tu considères que le succès a réconcilié Georges avec l'humanité fréquentable. »

Vers fin 54, il vécut tout de même un passage agaçant. Le succès fulgurant, si longtemps attendu, lui monta à la tête. Ce ne fut pas durable. Celui qui ne s'est cru, du moins à un moment, le plus grand, le plus beau, le juge avant les autres, la première pierre, ce n'est certes pas Onténiente, porteur de ce prénom, qui la lui jettera. Fidèle des fidèles. Fidèle au premier jour, fidèle au dernier jour. Allusion à sa solidité physique aussi bien que morale, Georges l'avait surnommé « Gibraltar ».

Au compte des amis, celui-ci provenait de la branche allemande. Compagnon d'infortune à Basdorf, durant l'Occupation, il rencontra Brassens pour ne plus le quitter. Pendant cette période, quand il parlait de lui, Jo disait « le Poète ». Son air un peu rêveur, ses oublis en cascade et son étourderie méritaient le label.

De retour à Paris, à la Libération, Pierre eut un rang de choix aux planches du salut. Il prêtait de l'argent, et parfois son logis, pour tenir à l'abri nos amours illicites.

Il travaillait alors dans une perception, avec peu d'enthousiasme mais grande conscience. Cette position dans les rouages administratifs lui permit d'intercéder en ma faveur. Grâce à lui, je briguai et obtins un emploi d'auxiliaire aux caisses du Trésor – il fallait bien porter un peu de subsides à l'Impasse pour aider à survivre.

Ma carrière au service de l'État fut des plus brèves. Poussé au sacrilège par le maître à penser qui régnait dans l'Impasse, je passais plus de temps avec Schopenhauer qu'avec le papier bleu. Avec des airs pincés, on me signifia que les chiffres et les lettres étaient incompatibles ailleurs qu'à la télé – l'anachronisme n'échappera pas au lecteur attentif, tant il est vrai que la célèbre émission n'existait pas encore ; il est des effets faciles auxquels on ne résiste pas...

J'espère qu'Onténiente, cheville ouvrière de mon embauche, n'eut jamais à subir le préjudice de mon égarement et de sa gentillesse.

Dès les premiers succès du poète Brassens, il n'hésita pas. Sollicité par Georges pour tenir ses affaires, il répondit présent, remit sa démission et se fit factotum.

Une rude tâche attendait l'homme de confiance.

A la fois le rempart, le parapluie d'escouade, le krak des chevaliers, la muraille de Chine, Pierre lui évita la plupart des embûches, protégea son repos.

Georges était désarmé. Il n'aurait jamais pu mettre au point ses tournées, discuter ses contrats avec les éditeurs, débattre royalties avec les caïmans, acquitter ses impôts, faire un bon placement. Éloigner les tapeurs – et Dieu sait s'il y en eut ! – le mettait mal à l'aise. L'enfant qu'il demeurait eût donné sa maison. Toute peine à autrui lui était un supplice.

Pierre, une fois de plus, dut jouer les gendarmes.

Pour ses propres besoins, rien ne le concernait sinon des amusettes : bicyclettes à rouleaux, caméras compliquées, appareils à bobine pour garder ses musiques... la part si dérisoire de l'énorme fortune qui tomba sur sa tête.

Cet énorme pactole le prit au dépourvu. Sans lui être indifférent, il n'eut pas d'importance... Pas plus que les jours noirs, les costumes élimés, le porte-monnaie vide, le tabac défaillant. L'habitude venant, il s'en accommoda afin qu'autour de lui on ne manquât de rien.

Encore un trait d'enfant.

Il tenait à sa gloire, bien qu'hypocritement il le dissimulât. Farouche égocentrique, il me dira un jour :

— Au fond, je suis un vaniteux sournois...

Ce mot me revint en mémoire quelques années plus tard. De passage à Paris, je me rendis chez lui. Il habitait alors la rue Santos-Dumont. Une jeune femme, aux allures de gouvernante, semblait préposée aux tâches ménagères et à la garde de sa porte. Sa vigilance de cerbère, son regard inspiré, sa piété transparente au dieu de la maison, firent que je la classai dans ses adoratrices. Elle lui donna du « maître ». Dès ses talons tournés, j'exprimai ma surprise :

— Tu te laisses appeler « maître » ?

— Ça n'a pas d'importance, répondit-il sans gêne. Et ça lui fait plaisir.

Le « vaniteux sournois » n'avait pas désarmé.

Racontant le Brassens d'après 1951, j'entre dans un domaine qui m'est peu familier. Je n'y resterai pas. Nous nous étions quittés – divergence des routes.

Sur l'épopée glorieuse, je n'ai que des jalons, des repères distants, des dialogues tronqués. A l'issue des galas, dans un état second, il n'était plus lui-même. Il me l'a confessé.

Pour revenir à Jo, au Brassens de l'Impasse, celui qui me fut proche, je connaissais par cœur ses arguments spécieux, son ultime défense. Il laissait sans réplique et citait volontiers ce bon mot de Chamfort : « Il faut laisser les autres avoir raison. Ça les console de ne pas avoir autre chose... »

L'avis du moraliste ne le concernait pas. Rendre Georges à merci : quel travail de Titan !... Quiconque l'a connu n'a jamais réussi.

L'argument spécieux, sa pudeur maladive en exigeait l'usage comme d'un paravent. Il s'y dissimulait. Les rares circonstances où il se mit à nu prouvaient sa clairvoyance ou, à tout le moins, son souci d'y voir clair.

Je le disais plus haut, il appréciait la gloire. Mais la gloire, la vraie ; foin de la pacotille.

Son refus systématique de postuler à l'Académie française ne participe pas d'autre chose. Il tenait cette distinction pour le hochet ultime offert par la patrie aux auteurs vieillissants. Des stratèges en promotion aux appétits plus affûtés que le discernement et des amis mal inspirés tentèrent de le circonvenir, de l'engager dans une éphémère immortalité de parade. Il ne leur céda point.

Le bicorne comique et l'épée dangereuse. Tel était son avis.

Il nourrissait sans doute un immense respect pour Genevoix, Pagnol et quelques vrais talents, mais n'eût pas digéré de siéger aux côtés de cuistres avantageux, d'impudents imbéciles. Les insolents prétendent que, si « la Vieille Dame » secouait ses jupons, on en verrait tomber. Et puis il le chantait :

Sitôt qu'on
Est plus de quatre on est une bande de cons.
Bande à part, sacrebleu !...

En dépit de sa tolérance foncière, on n'échappait pas à ses sarcasmes. En face et dans le dos, il ne s'en privait pas, mais il nous acceptait.

La qualité des gens n'était pas un critère. Il les prenait tels quels. Son côté passif, le souci de ne causer nulle peine l'amenèrent à subir les individus les plus hétéroclites. Tout comme Jeanne recueillait chiens galeux et chats amputés, il s'accommodait d'une cour bigarrée.

Ces pique-assiettes de la célébrité, j'en ai connu certains. Les mots cruels du Maître ne les rebutaient pas. Châtiés un instant, ils couraient dare-dare ramasser à sa table les miettes du succès ; il fallait qu'on les vît près de lui, à la droite du père, se jalousant entre eux et s'entredéchirant sous son œil amusé.

Mais n'exagérons rien. Si la gloire devient un amplificateur, si elle porte haut et loin la marque du talent, elle multiplie aussi les chances de rencontre. Si pour dix imbéciles le commun des mortels trouve un homme d'esprit, la vedette en voit cent contre mille couillons. Georges eut ce privilège et il sut s'en repaître. Les gens exceptionnels ne lui échappèrent pas.

Cette lucidité marchait d'un même pas avec son intuition. On ne lui cachait rien.

C'était en 1948, au plus noir des jours sombres. Le spectre du pain noir qui agitait l'Impasse le poussa à tenter de vendre ses chansons. Nos relations « anar », jusque-là peu utiles (elles nous avaient tout au plus fait courir le risque d'être fichés à la préfecture de police), allaient par extraordinaire nous sortir d'embarras. Elles devaient nous procurer une recommandation auprès de Raymond Asso. L'auteur du *P'tit Coquelicot*, parolier d'Édith Piaf, avait en d'autres temps flirté, lui aussi, avec les émules de Ravachol. Rendez-vous fut pris au théâtre Pigalle. L'artiste y officiait.

Asso nous accueillit avec la bienveillance d'un pontife mitré. Il pérora beaucoup, nous écouta fort peu. Un sujet l'attirait : son œuvre, son mérite, son public, la critique. Aider les débutants : une idée généreuse dont la paternité eût dû lui revenir, mais combien difficile en ces temps incertains ! Les choses avaient changé. Les coups bas, les intrigues. Il fallait du talent et à propos du sien...

Sur de vagues promesses et d'excellents conseils, il nous quitta ravi de s'être raconté. Dès la porte franchie, Georges hocha la tête.

— Encore un qui est tout seul sous la voûte des cieux !

Le bougre avait trouvé la paille en oubliant sa poutre.

Par la suite, il est vrai, arrivé au pinacle, il mit plus d'élégance et de raffinement dans le culte de soi. Ne m'affirmait-il pas, sur le mode plaisant, qu'en arrivant au monde il avait déchiré les tissus de sa mère, le périnée, je crois ?

Balayant mes réserves quant à un accident que j'estimais banal, il s'en empanachait jusqu'à y reconnaître le signe indiscutable d'un fabuleux génie. Là, il en rajoutait pour provoquer son monde, mais ceci mis à part, qu'on ne s'y trompe pas : la vérité de Georges a souvent transparu sous forme de boutade.

16

Au pont Mirabeau Pour un coup d'chapeau A l'Apollinaire

Jo cultivait aussi la marotte des plaques.

Il proclamait, sinon « à son de trompe à tous les carrefours », du moins à ses amis, qu'on en mettrait partout pour l'immortaliser, prévoyant l'inscription à graver dans l'impasse : « C'est ici qu'habita Georges-Charles BRASSENS, poète de génie. » Puis au métro Plaisance : « Ici passa BRASSENS. » Montparnasse, Duroc… la plupart des stations de la ligne Nord-Sud.

Ici s'ouvre une parenthèse : vous avez lu « Georges-Charles » et vous avez bien lu ! Ce n'est là ni l'erreur ni une fantaisie d'un distrait biographe… Durant quelques mois, Georges s'encoquelucha du second prénom de son baptême et l'ajouta, précédé d'un trait d'union, à celui qu'en premier avaient choisi ses géniteurs. Cette coquetterie passagère est peu connue des historiens car elle n'eut pour témoin qu'un petit contingent d'assidus à l'Impasse dont, à ma connaissance, il ne reste que deux survivants : Gibraltar et moi-même. On trouve l'explication dans le goût qui affecta un moment le milieu littéraire de faire original et le souci de mettre ses pas dans ceux d'illustres prédécesseurs : Charles-Louis Philippe, Jean-Paul II Wojtyla, Louis-Ferdinand Céline, etc. De Charlemagne à Charles de Gaulle, en passant par Charles VII, gentil dauphin qui dialoguait avec Dieu le Père par l'intermédiaire d'une pucelle inspirée, il semble établi que les Charles soient promis à un destin d'exception.

Mais le poète propose et son public dispose… Habitués à Georges tout court, nous ne pûmes jamais articuler cet assemblage avec naturel, sinon pour lui faire plaisir. De sorte que lui-même finit par s'en désintéresser.

Nous parlions du métro. Celui-ci, il est vrai, tint une grande place au cours de nos errances, sauf les jours sans argent où nous allions à pied. C'est là qu'il rencontra la petite amazone qui chapardait un peu, attirait les microbes et pétunait beaucoup. Puis quelques coups de cœur en jupon – feux de paille. Enfin ce fut Joha, l'envoyée du destin.

Une fille du Nord. Estonie, Lettonie, je ne sais plus très bien. Disons des États baltes. Un petit bout de femme au regard malicieux, alliant à la blondeur un charme naturel. L'accent slave chantant roulait un peu les *r*.

L'énoncé, bien trop sec, des traits les plus voyants cache un conte d'amour proche des *Yeux d'Elsa*, une tendresse aussi discrète qu'intense, un attachement aussi puissant que fidèle, une complicité aussi intime qu'intransigeante. Le cœur vouvoyait l'âme. Georges l'avait surnommée « la Chenille » et ce nom velouté lui seyait à ravir. Une pudeur extrême la faisait ressembler à l'animal craintif. Impression augmentée par le tour de fourrure qu'elle mettait en hiver au col de son manteau. Il fallut le doigté d'un amant d'exception pour qu'elle daignât enfin dérouler ses anneaux, lui offrir les couleurs de sa robe d'amour. La vie allait lier ces deux êtres étranges jusqu'à un jour d'automne où madame Camarde en jugea autrement.

Plus tard, Jo changea le surnom de Joha. La « Chenille » disparut au profit de « Pupchen », que j'aimais un peu moins. Peut-être mon absence, lorsqu'il trouva le nom, se trouve à l'origine de cette réticence. Quoi qu'il en soit, elle fut chère à mes yeux comme témoin constant du meilleur et du pire.

Je tombais d'ordinaire amoureux des conquêtes de Jo, mais là il n'en fut rien. L'idée ne m'en vint pas. Je vis Joha d'emblée comme l'arche d'alliance ou le vase sacré. J'avais compris d'instinct qu'elle serait sa veuve.

On s'asseyait au Dôme ou au Quartier latin si Jeanne avait fourni l'argent pour le café. Quant aux jours sans ressources, on fréquentait la Seine. Georges faisait la roue. Il pastichait Rimbaud, nous récitait Verlaine, Hugo, Apollinaire. Sa mémoire infaillible avait tout retenu des scènes d'*Hernani*... *Ruy Blas*... *Marion Delorme*... Joha, en bon public, souriait aux répliques. Par le regard, le ton, par le geste cocasse, il sertissait d'humour ces chefs-d'œuvre éternels, ajoutait son humour à celui du poète. Des extraits cidessous il faisait ses délices :

— Monsieur vient de Paris. Dit-on quelques nouvelles ?
— Point. Corneille toujours met en l'air les cervelles.
Guiche à l'ordre. Ast est duc. Puis des riens à foison.
De trente huguenots on a fait pendaison...

(Marion Delorme, *acte II*)

— *Ma foi, je suis d'un cœur fort épris de malice.*
Nuire me plaît. Je fais le mal avec délice ;
J'aime à tuer. Aussi j'eus toujours le dessein
De me faire à vingt ans soldat ou médecin.
J'ai longtemps hésité. Puis j'ai choisi l'épée.
C'est moins sûr mais plus prompt. J'eus bien l'âme occupée.
Un moment d'être acteur, poète et montreur d'ours,
Mais j'aime assez dîner et souper chaque jour.
(Marion Delorme, *acte III*)

— *Monsieur le louvetier, avez-vous quelque proie ? Bonne chasse ?*
— *Nulle. Hier j'eus une fausse joie*
Les loups avaient mangé trois paysans. D'abord
J'ai cru que nous aurions force loups à Chambord.
(Marion Delorme, *acte IV*)

Enfin ces vers de l'acte V provoquaient chez Georges une jouissance incomparable :

— *C'est le procès-verbal – ce sera singulier.*
Le récit de ma mort signé de mon paraphe !
— *Monsieur vous avez fait trois fautes d'orthographe.*

Il traquait la merveille à tous les coins du vers. Sans son esprit curieux, sa sensibilité, jamais nous n'aurions vu à travers l'écriture le trait original, la touche d'émotion, l'image lumineuse, la superbe trouvaille.

Il nous chaperonnait en son Académie où siégeaient pêle-mêle Breton, Carco, Lesage, Aragon, Léautaud et combien de géants dont nous fûmes imprégnés. Le fiacre de Xanrof trottinait sans façon. Il avait pour cocher Gil Blas de Santillane et il nous entraînait vers le doux caboulot pour courtiser Nadja.

On souriait moins fort quand Jo lâchait la bride à son goût du burlesque... atavisme latin. L'ancêtre calabrais avait bien fait les choses en léguant l'héritage. Pantalon, Pulcinella, ses frères de mamelle se retrouvaient en lui, y donnaient leur mesure. Arlequin consommé, il ne trahissait pas la *Commedia dell'arte.*

Du folklore italien transmis par la famille, il chantait en dansant cette turlupinade restée en ma mémoire :

Il général Cadorna mangea de bonné bifteck
Y le pauvré soldat il mangea dé castagna sec.
La tchin boum ! boum ! la tchin boum ! boum !

Ou alors, cette chansonnette héritée du même sabir, celui que fabriquaient, avec une bonne volonté touchante, les premiers émigrants italiens, soucieux de s'intégrer au plus vite par la langue :

Je viens sous ta fenestriné
Chanter pour la dernièr'fois
Car j'ai compris Messaliné
Qué tou té foutais dé moi

La la, la la, lalalalala
(bis)

L'autré jour la chos'est clairé
Tou m'a envoyé ton chien
Il m'a mordu lé derriéré
Ça c'est quéqu'chos'qué jé crains

La la, la la, lalalalala
(bis)

Mon calçon est déchiré
Jé plou rien à té cacher

Pourquoi est tou rebellé
Ma Carolina bellé
Pourquoi donc est tou si cruellé
Pourquoi Carolina

Ce qui a, bien sûr, beaucoup plus de gueule si on y ajoute les notes de musique qui vont avec.

A ces dons, il joignait le besoin d'étonner par la provocation. Il s'arrêtait soudain sur la place publique et, d'une voix enflée, le geste magistral, apostrophait le ciel, le prenait à témoin de nos médiocrités devant la poésie :

— Triples busards ! Pourceaux !

Par Phébus, par Saturne ou bien par Jupiter on insultait les dieux !

Bien avant qu'il le mît en musique, Richepin l'enflammait. Il s'appuyait sur lui pour nous anéantir :

Ce canard n'a qu'un bec et n'eut jamais envie
Ou de n'en plus avoir ou bien d'en avoir deux.

Nous étions les « dindons », il était le « sauvage ». L'air qu'il buvait eût fait « éclater nos poumons ».

Les passants étonnés se retournaient sur nous. On lisait dans leurs yeux la désapprobation, l'inquiétude parfois. Les plus désabusés, en secouant la tête, nous auraient volontiers placés à Charenton. La chance nous garda ; aucun d'eux n'alerta les pompiers de service ou police-secours.

Monsieur Larue, le père de notre ami André, eut le malheur un jour de renvoyer la rime. Il ne regretta rien, mais il faut convenir que les farces de Georges le mirent un moment dans ses petits souliers. Voici la plus cocasse.

Le père de Larue était un fin lettré. Fervent d'auteurs classiques, il faisait son régal du théâtre d'Hugo et voyait en Brassens un disciple à sa taille. Don César de Bazan et son cousin Salluste partageaient sans apprêt le repas familial quand Georges était prié. Festival de répons, gigot sur douze pieds... du fromage à la poire, enjambant la césure, l'acteur rivalisait.

Le brave homme officiait dans un grand magasin, rive droite, je crois. Il dirigeait un service. Passant là par hasard, on décida d'entrer. Saluer l'amphitryon sur son lieu de travail nous semblait fort civil. Mais Salluste veillait dans la pensée de Georges. La scène inachevée, la veille à la maison, lui revint brusquement. Du plus loin qu'il vit l'hôte il lança la réplique :

— Ah ! vous voilà, bandit !

Le geste théâtral et le ton emphatique, comme il eût déclamé pour souffler les décors.

Le propos incongru sonna dans le silence. Le personnel surpris, les clients étonnés levèrent le regard. L'instant d'émoi passé, le visage un peu pâle, se forçant à sourire, Don César répondit :

— Oui, cousin, me voilà...

Le ton fut plus feutré et son regard inquiet parcourut les rayons.

Suivre le personnage était parfois scabreux.

Joha en fit les frais au cours des promenades. Sur le bord du trottoir la prenant dans ses bras, puis à tout petits pas traversant la chaussée, il passait hors des clous pour mettre du piment.

Imaginez l'exploit sur le boulevard Haussmann... furie motorisée ; le piaulement des freins, avertisseurs furieux, insultes des chauffeurs. Il fallait à la douce « Chenille » une admiration sans bornes, une foi de novice dans le poète chevelu, dans le gorille au pardessus râpé, pour subir, rosissant et pâmée, une pareille épreuve. Plus prudents, se tenant à distance, ses amis, inspirés par saint Pierre, l'auraient renié trois fois avant le chant du coq...

Son doux commerce avec la « Chenille » n'allait pas sans provoquer des drames à l'Impasse. La jalousie de Jeanne y frisait quelquefois la fureur homicide.

Je ne parlerai pas des ruses pour le suivre à la trace, du pantalon caché, seul moyen radical pour lui couper la route des amours interdites. On l'a trop raconté. Elle inspira sans doute monsieur Leporcusec, fabuleux personnage de *La Tour des miracles* que Georges publia en 1953. Chef-d'œuvre méconnu... Molière en eût rêvé.

Quand sa femme sortait, ce jaloux tatillon poussait la minutie jusqu'à répertorier les taches à sa culotte. Puis après son retour, afin de la confondre, comparait les croquis avec l'original.

Jeanne n'eut pas les moyens d'appointer un privé pour en savoir plus long, se torturer d'autant. Mais son art consommé trouvait mille recettes pour me faire avouer.

Georges redoutait fort ces interrogatoires. A juste titre. Tête en l'air, j'avais les plus grandes chances de me couper ou de me contredire. Ce qui eût aggravé le chagrin de l'hôtesse. Il le savait par expérience ; en ces matières, un océan de doutes reste cent fois préférable à une goutte de certitude.

Trop d'indices, pourtant, accusaient l'infidèle, le jour où, dans l'Impasse, elle jeta sur sa nuque un rondin de bois dur pesant bien trois kilos, sous l'œil horrifié du voisin le boiteux. Georges ne cilla pas, ne tourna pas la tête.

La paix de Grosbidon, le repos de son cœur passait, il savait bien, par de tels exutoires.

17

Ici gît une feuille morte...

Le Paris du pain noir garde un goût de brioche. Le goût acide et doux de nos jeunes années.

On prodigua les nôtres en courant les boulevards... la rue de la Gaîté, Pernety, Montparnasse, Raspail, quai Conti, Malaquais, du pont de la Tournelle jusqu'à la tour Saint-Jacques, de la place Maubert à la Motte-Piquet on marchait, discutant du sexe des archanges, riant au moindre rien.

Le fou de Bienvenüe – la station de métro – parcourait à grandes enjambées le boyau qui rejoint Montparnasse, puis s'arrêtait soudain, poing tendu vers la voûte.

— Salauds ! Pourris ! Vendus !...

Il reprenait sa course pour égrener plus loin un autre chapelet.

L'usager bon enfant pour ce cerveau fêlé savait qu'il n'offrait pas de danger excessif. On côtoyait ses charges et ses glapissements le sourire amusé.

Il en allait de même pour le clochard d'Anvers qui jouait du violon sans le moindre instrument ; il mimait le soliste en sifflant la romance... Ou celui de Pigalle : il stoppait les passants pour avoir des nouvelles de sa pompe à vélo en argent ciselé. On la lui avait volée ou il l'avait perdue, suivant l'humeur du jour.

De Paris, ce gros village où tous se connaissaient, du moins dans les quartiers, qu'est-il advenu ?

Bien sûr des survivances : les bougnats cantalous n'ont pas tous disparu. Providence d'alors, ils jouaient un grand rôle : bois, charbon, limonade et quelque peu bistrot. Leur marché terminé, le sac à provisions pendu au bout du bras, Jeanne et quelques voisines s'y trouvaient vers dix heures. Elles n'y méprisaient pas le petit coup de blanc. Tout snobisme écarté, on vivait une époque où la gent féminine n'éprouvait nulle honte à licher comme un homme sancerre ou muscadet.

Qui dira l'importance des cafés de ce temps ?

Dès le matin blafard, ils éclairaient la rue, ils éclairaient la vie d'un cercle de lumière, d'un cercle de chaleur... Café noir, croissant chaud. Quelqu'un à qui parler, fût-ce le mastroquet paterne essuyant son comptoir.

Corrézien, Bourbonnais ou bien de la Lozère, il transmutait en pierre ou en sac de ciment chaque verre servi... Retournait dans l'Aubrac construire une maison pour y finir ses jours. Cette race solide avait pour vocation de vendre un peu de bois pour réchauffer les mains et de verser du vin pour réchauffer les cœurs : presque un apostolat.

A leur enseigne : le Clairon de Plaisance, le Bar des Métallos, Rendez-vous des Amis, on trouvait à deux pas un lieu géométrique de convivialité. On y entendait souvent un concert d'inepties ; les bibards, les poivrades donnaient leur récital. Mais parfois y fusait le génie populaire. Là naissait le mot drôle, l'adjectif percutant, la trouvaille explosive que tous les beaux quartiers allaient reprendre en chœur.

Quartier général de Marcel, le Clairon de Plaisance l'attirait tous les soirs au sortir du boulot. On l'y voyait debout en de longues stations. Durillons de comptoir un instant soulagés, il refaisait le monde avec la gestuelle d'un conteur levantin.

Je n'oublie pas Marcel, l'Auvergnat au grand cœur. Il occupe un palais dans la mythologie :

Toi l'Auvergnat qui sans façon
M'as donné quatre bouts de bois...

Cheveux rares, moustache en balayette roussie de nicotine, teint cireux, dos voûté et les poumons brûlés d'emphysème chronique... Longue vie de travail... mais quelle humanité dans le fond du regard. Tel était son portrait.

Il aimait beaucoup Georges qui le lui rendait bien, presque en fils adoptif.

Venait-il de Saint-Flour, de Laguiole ou de Mende, je ne sais plus très bien. Il avait épousé Jeanne après la guerre – celle de 14. Gazé, diminué par de graves blessures et frappé, murmurait-on, d'impuissance, il n'était plus pour elle qu'un gentil compagnon paisible et tolérant. Il ne partageait plus que ce qui lui restait : sa paie et son tabac.

Ouvrier carrossier, il peignait des autos, un métier dangereux. On ignorait alors les commissions d'hygiène et de sécurité. Toute la profession et le pauvre Marcel humaient à pleins poumons le brouillard des peintures... ce qui leur donnait soif. Il abusait parfois de la dive chopine et rentrait à l'Impasse une mèche en bataille et le regard brillant. Georges me touchait du coude.

— Marcel s'est encore poivré !...

L'hôtesse courroucée y allait de son éclat. Elle déplorait d'abord la santé du bonhomme, puis traduisait en sous le liquide absorbé. Transformé en pâté ou en saucisson sec, elle comptait trois dîners plus la viande des chats... sans mentionner l'atteinte au budget pour les pipes.

Fustigé et honteux, Marcel gagnait son lit.

*

L'impasse Florimont et la rue de l'Hospice, pôles de notre enfance, pôles de nos vingt ans, comme les *Soirs d'avril* du poète Trenet, où êtes-vous ce soir ?

Marcel s'en est allé. Jeanne a passé la barque. La Duchesse, Bichnec et autres Poulpiquet savourent désormais des pâtées gigantesques au paradis des chats : il vient toujours un temps où l'on mange à sa faim.

Joha, le papillon issu de la Chenille, a vu ternir ses ailes. Par un petit matin, elle a rejoint Brassens à deux pas de l'étang. Lepoil, Armand Robin, Renot le béquillard et l'ami Toussenot, interdits de séjour au monde des vivants, hantent mes souvenirs.

Qu'est devenue Simone de la rue de Gergovie ? Qu'advint-il de l'époux, le beau coq bricoleur ? Il a dû renchérir sur le Dieu d'Abraham pour la changer lui-même, au terme de recherches, en monument de sel. Et Maria, le « Succube », a-t-elle enfin compris le discours engagé et calmé ses ardeurs ?

Le bilan des Sétois est tout aussi funeste : Delpont précéda Georges à l'antre de Pluton. Des Marcou, des Boby et autres Giordano, il n'y a plus de nouvelles. Le poète est en terre.

Nous restent les chansons où tous ont une rime, un quatrain ou un vers, une simple harmonie.

De Marcel, l'Auvergnat, de Grosbidon, la cane, les greffiers, Gibraltar le granit, Nicolas la famine, de Nadja, Robin l'insaisissable, de la fantasque Jo, la petite amazone et de Corne d'aurochs – qu'on veuille bien l'absoudre –, de ses « Copains d'abord » Georges fit des demi-dieux, en meubla son Olympe.

Compagnon du devoir, il a pris à chacun un trait, une expression, un silence, un travers. Tel le maître sculpteur ornant les cathédrales, il burina la cire, cisela dans le temps.

— Tu seras immortel grâce à moi, disait-il, lorsqu'on feignait par jeu de douter de son œuvre.

Il ne se trompait pas.

Tous ces pierrots, en communiant dans l'œuvre et l'amitié, ont eu un privilège : celui d'ajouter l'émotion de leurs souvenirs à celle de ses chansons. Ce privilège, ils l'emporteront avec eux. Dans quelques décennies ne restera que l'œuvre, et c'est un grand bonheur. Nos considérations n'ont pas grande importance devant le patrimoine qu'il lègue à nos enfants. Et rien ne me paraît plus juste qu'un mot d'Yvan Audouard : « Silence dans les rangs des *Copains d'abord*. Brassens appartient désormais à ceux qui le découvrent. »

*

Peut-on parler de Georges sans évoquer Prévert ? Je livre à contrecœur ce méchant contrepoint d'un poème célèbre.

Ceux qui ne lorgnent pas sur la part du voisin,
Qui ne bousculent pas les gens pour passer les premiers,
Qui ne paradent pas pour mieux se faire voir,
Qui ne dérangent pas.
Ceux qui aiment leur père, leur mère, leur chat, leur perroquet,
Vivent pudiquement
Que la faim des enfants empêche de dormir,
Se cachent pour mourir…

Georges était de ceux-là. Sans aller aussi loin, en restant dans son œuvre, ces deux vers de *Don Juan* lui collent à la peau :

Gloire à qui n'ayant pas d'idéal sacro-saint
Se borne à ne pas trop emmerder ses voisins !

Ou bien cet aphorisme qu'il nota à trente ans et qui trente ans plus tard reste en notre évangile :

Les jeunes amoureux qui écrivent sur l'eau ont une âme soignée.

Un critique s'agite :

— Mais vous êtes en train de le déifier !

André Tillieu lui fait la meilleure réponse :

— J'en sais rien, mais je sais qu'on n'a pas trouvé mieux…

*

Et Dieu, dans tout cela ?

Georges y croyait peut-être, mais il me semble bien, si j'en crois nos dialogues, qu'il prenait ses distances. Ses penchants éclectiques s'accommodaient bien mieux des dieux grecs et romains, plus divers, plus fantasques, plus propres à l'inspirer... et c'était plus joli. Par-delà cette vue de poète, il traitait les angoisses métaphysiques comme de « la bouillie pour les chats ».

Cette désinvolture de façade ne l'empêchait pas d'avoir sourdement peur de la camarde, qu'il chanta à tue-tête pour mieux l'exorciser. Quant aux enterrements, il n'en ratait pas un. Attentif, recueilli, quel remous l'habitait ? Le film des mille riens qui tissent l'amitié, sourdant de la mémoire... Pitié pour les intimes affectés par le deuil... Pompe du rituel sous son regard critique auquel rien n'échappait...

Je revois les obsèques de Roger Toussenot.

C'était en 1964 à Lyon, la Guillotière. Le cortège avait transité par l'église paroissiale de la rue Boileau. Là officiait un prêtre de quartier.

Était-ce la qualité du défunt ? Peut-être un peu aussi la présence de Georges ? Il nous gratifia d'une oraison funèbre qu'eût reniée Bossuet, mais qui eût ravi Voltaire ; Jésus, Simon, Lazare, au banc des auditeurs, écoutèrent interdits cette leçon de choses insolite et humaine.

— Il faisait rire, dit-il, parlant du disparu... C'est déjà quelque chose que d'apporter la joie au cœur de ses amis !

Cet honnête curé – tout se sait en province – n'ignorait rien des penchants de Roger. L'athéisme de celui-ci n'allait pas jusqu'à aleviner en poissons rouges le très saint bénitier, mais il célébrait plus volontiers l'office du dimanche au bistrot de Dudu – coin de la rue Paul-Bert – qu'au temple du Seigneur... changeant en vin de messe le beaujolais nouveau.

Le prêtre intelligent se garda de juger, parla de l'écrivain, son talent, son humour, son amour de la vie et conclut, parodiant une chanson de Georges, celle du mécréant :

« J'me conduis pas plus mal que si j'avais la foi. »

Il offrait à Bacchus un pullman de première pour le ciel des poètes, à seule condition que le ciel existât. Georges cligna de l'œil.

— Il est pas mal, ce type !

Si Toussenot avait eu l'infortune d'être expédié par un de ces curés rabâchant son bréviaire comme *l'Humanité* flagorne le parti, Jo m'eût dit simplement sur un ton résigné :

— L'fait son boulot, ce mec...

Avait-il foi en l'homme ? Je ne le pense pas.

Toute idéologie, « avec ses gros drapeaux », provoquait ses sarcasmes ; c'était la graine vide que l'on jette aux niais. Et s'il faisait crédit à tous ceux qu'il aimait, il savait leurs limites. Quel réalisme... pour lui si étranger aux contraintes pratiques !

— Ne pas penser à être gentil, c'est n'être pas gentil, me lâchait-il souvent.

Il lui arrivait, certes, dans le feu du débat, de se laisser aller à l'outrance verbale. Il distinguait alors les salauds et les autres. Ni moraliste ni manichéen, il comptait, en vérité, beaucoup plus de salauds accidentels (récidivistes en puissance) que de pourris irrécupérables... Encore imputait-il davantage ce vice au passif de la connerie qu'à la méchanceté stipendiée ou gratuite.

Sept ans avant sa mort, il me disait ceci :

— Chacun, dans cette vie, a un rôle à jouer. Quant au nom de ce rôle – flic, banquier, confesseur –, il a peu d'importance, pourvu qu'on pense à l'autre. Chacun porte avec lui le moellon au chantier. Puis, pour monter le mur, un successeur viendra gâcher du ciment frais et un autre à son tour poser un moellon neuf.

Georges eut ce privilège, transcendant le maçon dont il était issu, de monter plus de pierres et d'auges de ciment que mille bâtisseurs, sans jamais étaler l'ampleur de l'édifice. En dépit de l'orgueil qu'il devait ressentir, il ramena son œuvre aux humbles proportions d'une carte postale assez bien réussie.

Son œuvre : elle lui coûta les jours noirs de l'Impasse, bien des nuits sans sommeil, un mal qui le rongea en d'atroces souffrances. Qui eût payé ce prix ?

Il crut en son travail, il crut en son talent, en sachant aussi bien la vanité des choses. J'ai retenu ces mots qu'il prononça un jour :

— La personnalité est le culte des sots : l'homme est fait d'influences. Si on les retirait, que lui resterait-il ?

Quelle lucidité pour celui qui goûtait l'encens des ovations !

Mystère de Brassens... Est-il tout dans son œuvre ? Forgea-t-il une éthique à travers ses chansons et usa-t-il sa vie à mieux leur ressembler ? Peut-être un peu des deux.

Mais où donc est l'importance ?

Tout cela appartient désormais à l'Histoire... l'Histoire, qui a besoin de tout son temps et de toute sa place pour chanter les chansons d'un dénommé Brassens. Outre qu'elles réjouissent le cœur, les hommes en ont le plus grand besoin pour être un peu moins cons et un peu moins salauds…

Et c'est cela qui compte.

En relisant ces pages, j'ai cédé un instant au découragement et je doute à présent de leur utilité. On n'explique pas Georges. On écoute, on se tait. Qui, d'ailleurs, connaît qui ?

J'ai planté les décors, fait mouvoir ses amis et tenté quelquefois de saisir au passage l'éclat d'une facette à travers un regard bien sujet à caution. Était-ce suffisant pour peindre le poète et pour cerner l'ami ?

Il reste l'émotion.

Avec cent maladresses, dont je suis bien conscient, je l'ai mise en ces lignes. J'aurai moins de remords si elle est partagée.

Laissons là l'émotion. Que le diable m'emporte !... Ce manque de pudeur ne lui ressemble pas. Comme au temps de l'Impasse, cachons sous l'apostrophe et sous un ton blagueur le pot de chrysanthèmes.

Salut, Jo ! Parraire ne veut plus me battre. Ne te dérange pas pour me porter secours. « Sur la vague en rêvant », dans tes longues vacances, inspire troubadours, poètes, musiciens. Accorde-leur ton *la*. Le *la* de ta musique intérieure, bien sûr, mais aussi le *la* de l'amitié qui sonnait si juste dans ton esprit et dans ton cœur. Le *la* de cette même amitié qui nous a liés durant cinquante ans.

Mais qu'est-ce que l'amitié ? Question à cent balles… Bien obligé de regarder, un peu, sous les jupettes de la sémantique en compagnie de mes vieux complices Bescherelle et Littré. Restons-en à l'approximation d'une notion affective qui, dépassant le cadre des relations de bon voisinage, conduit les gens à se complaire. Par-delà cette vue élémentaire, la même notion poussée à l'extrême conduit les intéressés à aller au-devant l'un de l'autre, en toute circonstance, sans y être sollicité.

Sur ces bases, Georges fut-il mon ami ? Je le crois.

Sur les mêmes bases, ai-je été l'ami de Georges ? L'honnêteté m'interdit de répondre autrement que par un souhait de probabilité.

Mais si, malgré son talent, il n'avait pas gagné sa bataille ? S'il n'était pas devenu Monsieur Brassens, escorté du triomphe, de la gloire et de la fortune, serait-il resté mon ami ? C'est là, il me semble, une bonne question.

Je ne sais pas.

Je me suppose, peut-être à tort, un fond de générosité qui n'eût pas rejeté mon frère tombé dans l'anonymat et, qui sait, l'indigence. Mais les hommes ne sont que des hommes, et il est possible que je n'honore pas particulièrement l'espèce. Il se peut que ma réussite sociale, aussi relative soit-elle, n'eût pas bonifié le regard que j'eusse porté sur lui.

Mais laissons là le jeu des « si », qui nous entraîne sur des mers inconnues.

Que reste-t-il aujourd'hui de cette amitié passionnée autant que cahoteuse ? Une immense admiration pour son œuvre, cela se passe de commentaire. Et puis le souvenir d'une relation plus égalitaire qui fut le fleuron de ma jeunesse.

En réécoutant la chanson *le Temps passé*, dans laquelle les morts sont tous de braves types, me vient une question subsidiaire : elle parodie le mot célèbre qui illustre la croissance posthume du duc de Guise : « L'aimerai-je mieux mort que vivant ? »

L'âge et la sagesse aidant, ce n'est pas impossible… Et si c'est un cadeau de son « au-delà », grâces lui en soient rendues.

J'allais mettre un point final à ce manuscrit lorsqu'un feuillet s'en détacha.

C'était une page blanche.

Agacée par le mistral, elle se mit à voleter, virevolter, tournicoter, pour venir, enfin, se poser tout à côté de ma plume des dimanches.

A n'en pas douter, c'était là une invite.

Inspiré par la *Supplique* – pardonne-moi, Georges, je fais ce que je peux –, restait à me fendre d'un codicille à ma portée.

Le voici.

C'est bien connu des autochtones : à Sète, on meurt au moins deux fois…

Ce privilège, dont on n'a trouvé trace dans l'histoire d'aucune autre cité, peut paraître exorbitant aux natifs de Quimper-Corentin ou de Brive-la-Gaillarde. Il me semble pourtant justifié, pour la bonne raison que les fées, tels les dieux sur l'Olympe, élisant domicile sur le mont Saint-Clair, y ont répandu leurs réserves de grâces. De quelque côté que l'on se tourne, on n'y découvre qu'horizons lumineux, paillettes d'argent sur champs d'azur et, par-dessus tout, cette atmosphère subtile associant dans la bonne franquette le génie et l'humour méditerranéens.

Je trouverais tout à fait scandaleux que les Sétois fussent contraints, comme la multitude, d'abandonner ces merveilles en ne mourant qu'une seule fois de façon bête et définitive.

Juriste né, virtuose de la casuistique, l'indigène, devant le sort commun, mérite de se pourvoir en appel. Il ne s'en prive pas.

D'où ce propos, exclusivement local, qui ponctue tout bulletin nécrologique : du défunt, on dit : « Eï mai mort. » *De notre langue colorée au français conventionnel, on peut traduire par : « Il est encore mort. » C'est là la preuve évidente que le postulant n'en est pas à son coup d'essai.*

Gardons-nous d'épiloguer. Serait-ce pour empêcher les « pupazzi de pacotille » de ratiociner autour de ce fabuleux prodige ?

On peut tout de même imaginer qu'un personnage du cru, quelque peu surréaliste avant l'heure et avant le grand-père Jules, inventa le décès à répétition. Avant de voir « les héritiers marron marcher dans le crottin », il éprouva sans doute un dernier et enfantin plaisir à découvrir leur triste figure sous la douche écossaise du « coucou me revoilà » !

Quant aux contemporains, ils durent trouver la farce si réjouissante qu'ils en adoptèrent d'enthousiasme le principe pour le transmettre aux futures générations. Et la pratique en est devenue si courante, à Sète, que Georges n'a pu y échapper.

Bon ! C'est dit, cher vieux Jo, tu viens de nous faire le coup !

Mais nous, on sait bien que c'est une fausse sortie… Un peu comme les fausses sorties de scène, dont tu nous régalais à partir de la vingtième chanson… Souviens-toi, douze rappels à Bobino…

On s'accommoderait volontiers de te voir mourir douze fois. Mais ce serait peut-être de la gourmandise.

En attendant, pour la deuxième, prends ton temps. On n'est pas pressé.

Table

Cet ouvrage a été composé
par Atlant' Communication
à Sainte-Cécile (Vendée)

Impression réalisée sur CAMERON par

BRODARD & TAUPIN
GROUPE CPI

La Flèche
en septembre 2001
pour le compte des Éditions de l'Archipel
département éditorial
de la S.A.R.L. Écriture-Communication

Imprimé en France
N° d'édition : 427 – N° d'impression : 9472
Dépôt légal : octobre 2001